LUDZIE W CZASACH JEZUSA

Projekt okładki
Paweł Panczakiewicz/PANCZAKIEWICZ ART.DESIGN

Korekta
Alicja Kobel

Skład
Tomasz Erbel

Wydawca
Czerwone i Czarne Sp. z o.o. S.K.A.
Rynek Starego Miasta 5/7 m. 5
00-272 Warszawa

Druk i oprawa
Toruńskie Zakłady Graficzne
„Zapolex" Sp. z o.o.
ul. gen. Sowińskiego 2/4
87-100 Toruń

Wyłączny dystrybutor
Firma Księgarska Olesiejuk Sp. z o.o. sp. j.
ul. Poznańska 91
05-850 Ożarów Mazowiecki
www.olesiejuk.pl

ISBN 978-83-7700-276-6

Warszawa 2017

Książkę wydrukowano na papierze Creamy 80 g.
dostarczonym przez Zing Sp. z o.o.

www.zing.com.pl

LUDZIE W CZASACH JEZUSA

Szymon Hołownia

Warszawa 2017

Wstęp

W roku 30 miały miejsce najważniejsze wydarzenia w historii świata, czytanej przez chrześcijanina. W Jerozolimie, prawdopodobnie 7 kwietnia, wykonano wyrok śmierci na Jezusie Chrystusie, który w nocy, z następującej soboty na niedzielę – zmartwychwstał.

Czy na pewno stało się to w roku 30? Nie wiemy. Prawdopodobny (a do niedawna – obowiązujący) drugi trop wskazuje na rok 33 (to oznaczałoby z kolei, że Jezus w chwili śmierci miał lat 37, 38 lub 39). Dla idei tej książki nie ma to jednak znaczenia. Chodzi w niej nie tyle o to, by sporządzić z aptekarską dokładnością portret tych dwunastu miesięcy, a o to, by przyjrzeć się z bliska tłu pokazanych w Ewangeliach wydarzeń.

Nasze wyobrażenie o tamtych czasach zdominował Rzym: opisy wojen, intryg, biznesowych deali. Kraj Cezarów zostawił nam mnóstwo źródeł pisanych, wojnę, politykę, podwaliny pod europejską tożsamość. Ale to jednak peryferia świata dały nam Zbawienie. Po ziemi, na której żył Jezus, chodziło jakieś 200–300 mln ludzi. Gdy On nauczał w galilejskich wioskach i w jerozolimskiej świątyni, nasi przodkowie nie tylko trwali w adoracji przy betlejemskim żłóbku, ale też budowali piramidy w Meksyku, odkrywali wyspy Pacyfiku, rozkręcali chińską biurokrację, kombinowali z nowymi uprawami w Afryce. Przecież Jezus przyszedł też do nich, przecież to o nich też pewnie myślał, umierając. Jak mógłbym uznać, że są niewarci tego, by ich spotkać?

Pan wybaczy mi więc może, że zostawię Go w znakomitym (czasami) gronie apostołów, a wychodząc od wspomnianego żłóbka i Golgoty, wyruszę w trasę przez wioski ówczesnej Anglii, wybrzeża Bałtyku, japońską prowincję aż – rzecz jasna – do Polski. By ustalić, czy jak utrzymują niektórzy, nasz los trzymał wtedy w garści wybitny i niezłomny król Awiłło Leszek IV, czy może to wszystko słodkie bujdy wymyślone, byśmy jak zwykle na tle innych byli wyjątkowi i śwarną, jurną narracją poprawiali sobie samopoczucie.

Myśl o tej książce poczęła się dość dawno temu, gdy po raz pierwszy zadałem sobie pytanie o swoją duchową genealogię. Pisałem, zdaje się, jakiś tekst o czymś, co w Kościele nazywa się „sukcesją apostolską", a co polega na tym, że od każdego wyświęcanego dziś biskupa powinno dać się poprowadzić linię prostą do któregoś z apostołów, który wyświęcił swoich następców. Ci z kolei wyświęcili następnych, i tak przez dwa tysiąclecia. Dotarło do mnie, że przecież taką sukcesję apostolską ma każdy ochrzczony człowiek, a więc mam ją i ja. Może kiedyś, po śmierci, dowiem się, który to konkretnie z apostołów przekazał Dobrą Wiadomość komuś, kto z kolei przekazał ją komuś, kto przekazał ją jakiemuś mojemu praszczurowi.

Z tych rozważań zrodziło się kolejne pytanie: gdzie w czasach Chrystusa był mój prapradziadek? Przecież gdzieś być musiał; nie jestem pąkiem róży, nie wziąłem się z powietrza. Za maksymalnie parędziesiąt lat spotkam go, ale ja chcę to wiedzieć już: czy żył tu, gdzie ja żyję teraz? A może zupełnie gdzie indziej? Czym żył, jak? Co go cieszyło, martwiło, kręciło? Tę książkę napisałem nie po to, by owego mojego prapradziadka odnaleźć, ale spróbować spojrzeć na jego świat jego oczami, spróbować go zrozumieć.

Po co? Choćby po to, by się przekonać, że Jezus w roku 30 widział dokładnie to samo, co oglądamy teraz. Rozgrywane w innych kostiumach zjawiska, postawy, dylematy pozostają jednak podobne lub wręcz te same. Gospodarka ówczesnego Rzymu to przecież miejscami wypisz wymaluj (patrząc na relacje państwo – kapitał – korzyść ludności) dzisiejsza Rosja albo Kongo. Szybki wzrost osadnictwa i ekstensywne rolnictwo w Azji na przełomie er – to znane nam przecież i dziś regularne minikatastrofy ekologiczne. Relacje naród – religia w ówczesnym Izraelu nie mogą nie przywołać na myśl dzisiejszych entuzjastów machania sztandarami i logiki, w której „ofiary muszą być". Klasa polityczna? Wypisz, wymaluj obserwowani przez wielu (w tym przeze mnie) z przerażeniem polityczni technolodzy początków XXI wieku. Pisząc tę książkę, z lekkim przerażeniem odkrywałem, że świat roku 30, podobnie jak ten w roku 2017, to świat stojący na krawędzi katastrofy. I nie ma innej drogi naprawy tego świata niż ta wskazana przez Niego właśnie w roku 30. Nadziei nie przynosi ekonomia, polityka ani wojna, ludzkie życie może zmienić tylko i wyłącznie spotkanie. Człowieka uratować może tylko drugi człowiek. Bóg-człowiek. To dlatego do książki włączyłem próby skupienia poznawczego „zoomu" na paru postaciach, które mój Pan spotkał osobiście. Oni też są jak wyjęci z dzisiejszych gazet, opowieści znajomych, Twitterów i Facebooków.

Mam nadzieję, że zawodowi historycy i bibliści wybaczą mi wszelkie niedomówienia i niezamierzone nieścisłości. Nie piszę jednak podręcznika, przedkładam Czytelnikowi zbiór bardzo osobistych impresji. Jak zwykle w przypadku mojej – pożal się, Boże – twórczości, czy to pisanej, czy ustnej, patronką również tej pracy jest najwierniejsza towarzyszka moich zmagań, św. Dygresja. Nie próbowałem na siłę wymyślać i dramatyzować postaci, w sytuacji gdy ilość danych źródłowych była skąpa, pozwalałem sobie jednak – wyznaję – na wiele wycieczek na pobocza omawianych tematów oraz zupełnie współczesnych nawiązań.

No bo jak, zastanawiając się nad tym, kto żył dwa tysiące lat temu w odwiedzanej dziś przeze mnie tak często Zambii – nie zadać sobie pytania, skąd w nas, Polakach, wziął się tzw. „bambomental", czyli traktowanie mieszkańców Afryki jak skrzyżowania dzieci specjalnej troski z chorobą zakaźną? Jak, śledząc wstrząsającą historię uzdrowienia przez Jezusa chłopaka dręczonego przez ciężką padaczkę i słuchając tego, co mówi jego ojciec – nie spróbować nauczyć się od niego modlitwy, która przestaje być wewnętrznym murmurandem, a zaczyna współbrzmieć z głosem stwarzającego Boga? Jak, patrząc na mieszkańców Oceanii, którzy nie mieli literalnie nic, poza głębokim przekonaniem, że powinni bez przerwy przesuwać granice znanego sobie świata – nie dojść do przekonania aktualnego i dzisiaj: z pustego nawet i Salomon nie naleje, ale do pełnego też nie naleje nawet ów Salomon?

Praca nad tą książką była dla mnie olbrzymią przygodą i wyzwaniem. Dwa lata wyszukiwania i czytania książek, po które nigdy w życiu inaczej bym nie sięgnął, bo zwyczajnie nie wiedziałbym, że są. Jeśli jestem czyimś dłużnikiem, to w największej mierze wszystkich autorów, których nazwiska figurują w bibliografii. Gorąco zachęcam wszystkich którzy będą mieli na to ochotę, do dalszych poszukiwań w ich zacnym towarzystwie.

Rozdział I

Ówcześni mieszkańcy dzisiejszej środkowej Anglii. Architekci wnętrz, masterchefowie, drogowcy.

Właściwie to dlaczego ludzie żyjący dwa czy trzy tysiące lat temu nie mogliby jeść smacznie? I mieszkać – jak na swoje czasy i możliwości w zakresie materiałów do wykończenia wnętrz – ładnie? Dlaczego, ilekroć przebiję się wyobraźnią do czasów, w których na ziemi, po której teraz chodzę, żyli moi pradziadowie – widzę coś, co przypomina skrzyżowanie johannesburskich slumsów z zagubionym gdzieś w lesie obozowiskiem życiowych abnegatów? Francis Pryor, brytyjski archeolog, pisarz, farmer i wielki piewca tradycyjnego brytyjskiego stylu życia (w którym kościołem jest ogródek warzywny albo łąka), w jednej ze swoich książek, poświęconych starożytnej Brytanii, zadał właśnie to pytanie: dlaczego, do ciężkiego licha, myślimy zawsze o naszych przodkach, jakby całe ich życie było wyłącznie walką o to, by jeszcze dziś nie umrzeć? Dlaczego nie może zmieścić nam się w głowach, że oni też dysponowali zmysłem smaku i starali się przyrządzić sobie papu tak, by wypadło jak najpyszniej? Że swoje domy budowali nie tylko po to, by nie umrzeć z zimna, ale lubili ozdabiać je czymś ładnym? Ba – że ich wznoszenie było nie tylko fizycznym wysiłkiem prymitywów lepiących cegły z gliny, błota i Bóg wie czego jeszcze, ale że stała za tym cała życiowa filozofia?

Pryor w swojej wspaniałej książce „Home" opisuje brytyjskie domy z czasów Chrystusa, czyli tuż sprzed rzymskiego podboju (który dokonał się w roku 43 naszej ery). Zwykle okrągłe, nie tylko dlatego, że takie lepiej sprawdzają się przy wietrznej, nadmorskiej pogodzie. Koło to też rama, na której pisze się życie nierozłącznie związanych z naturą ludzi. Czas człowieka pracującego na roli nie jest linearny – nie zaczął się, by gdzieś w obłędzie pędzić. To nieustannie powtarzający się cykl tych samych pór roku, tych samych zachowań roślin i zwierząt, wschodów i zachodów, pór deszczowych i suchych, urodzin i śmierci. Pryor zauważył, że w regionach, w których prowadził swoje archeologiczne wykopki, znaczna część chat miała wejście od południowo-wschodniej strony, tak jakby ludzie chcieli, by przez drzwi wpadały im pierwsze promienie dziennego światła. W środku domu było palenisko, a idąc od drzwi przeciwnie do ruchu wskazówek zegara, przechodziło się przez wszystkie cykle ludzkiego życia, przełożone na codzienne czynności. W południowym kącie, na godzinie szóstej, było więc miejsce do przyjmowania tych, co przychodzą. Na dziewiątej – miejsce do posilania się. Na północy chaty, na dwunastej – miejsce do spania, tego przedsmaku śmierci. Po którym znów następowało odrodzenie, gdy słońce pojawiało się w końcu na godzinie czwartej, by puścić cały cykl w ruch od nowa.

Mieszkańcy ziem współczesnej Brytanii również w czasach Jezusa, Mojżesza, Hammurabiego myśleli, kochali, eksperymentowali z żywnością. Budowali lokalne wspólnoty, by robić razem to, czego nie da się osiągnąć osobno. Pryor walczy jak lew i sto tygrysów z powszechnym (zdaje się) w brytyjskiej historiografii kompleksem wyspiarskich prowincjuszy, których „ucywilizowało" dopiero włączenie się w krąg kultury rzymskiej. Jasne, zżyma się, może dali nam alfabet łaciński i sztukę wojenną, ale – na Chiny Ludowe – przestańmy sobie wmawiać, że to Rzymianie nauczyli nas budować drogi! I wylicza archeologiczne dowody na to, że jeszcze przed przyjazdem Rzymian jego ojczyzna pokryta była gęstą siecią lokalnych i ponadregionalnych dróg, często wielowarstwowych, odpornych na ulewy, budowanych z drewna i kamienia z uwzględnieniem solidnej wiedzy inżynieryjnej. W końcu najstarsza zachowana droga na świecie, tzw. Sweet Track, drewniana przeprawa przez bagna Somerset, powstała w 3807 roku przed naszą erą i liczyła aż cztery kilometry!

Jasne, Rzymianie w szczytowym okresie rozwoju swojego Imperium mieli u siebie około 300 tys. kilometrów dróg (ciut mniej, niż wynosi dziś łączna długość dróg publicznych w Polsce). Z czasem stali się w tej dziedzinie rzeczywistymi mistrzami świata. Miały fachowo przygotowany przebieg (do dziś uznawany za optymalny), odwodnienie oraz podłoże (z kamieni zalewanych cementem albo gliną) obwałowane krawężnikami. Na to szedł ubijany tłuczeń z zaprawą wapienną i wodoszczelny beton (cement z odłamkami kamieni, glinki, żużla i piasku). Na wierzch z kolei szedł żwir i kamienie, a na to – łączone zaprawami kamienne płyty. Budowano skarpy, mury oporowe, nasypy, mosty i pomosty. Drogi dzieliły się ze względu na konstrukcję, znaczenie, ale też ze względu na szerokość. „Via" pozwalała na wyminięcie się dwóch wozów, „actus" – to droga o jednym pasie ruchu (zwykle przeznaczona do pędzenia bydła, mógł to też być miejski chodnik), „iter" – droga dla pieszych, lektyk lub jeźdźców konnych, wreszcie „semi iter" – czyli połowa tej ostatniej, innymi słowy: dróżka, ścieżka, przejście.

W czasach Chrystusa istniała już i słynna, zachwycająca Via Appia z Rzymu do Kapui, i Via Aurelia z Rzymu do Marsylii czy Via Domitia z dorzecza Rodanu przez Pireneje aż do Gibraltaru. Budowa sieci porządnych, rzymskich dróg w Palestynie ruszyła jednak na dobre dopiero po spacyfikowaniu przez Rzymian żydowskiego powstania, które wybuchło trzydzieści lat po śmierci i zmartwychwstaniu Jezusa. Jak wyglądała wówczas sieć dróg w naszych okolicach? Oprócz tego, że przez nasze ziemie jeżdżono z południa nad Bałtyk po bursztyn (prawdopodobnie przez okolice Opola, Kalisza i Osielska) – nie wiemy, niestety, zbyt wiele.

Rozdział II

Służący na weselu w Kanie Galilejskiej. Co robić, gdy Bóg nie chce nic zrobić.

Kobiety piekły ciasta z tartych migdałów, placki zaprawione cynamonem i miętą, podpłomyki i miodowniki, baraninę, cielca na rożnie, kury szpikowane czosnkiem i przyprawione kminkiem, gołębie nadziewane cielęcą wątróbką i cebulą, smażyły pączki w złotej oliwie, miód z orzechami, przyrządzały zawiesiste sosy z wina, miodu i oliwy, ryby dwojakiego rodzaju, gotowane i smażone, i wymyślne napoje, mocne i rozgrzewające, jak ów szechar, trunek z jęczmienia, miodu i daktyli, i chłodzący szerbet, sok wyciśnięty z granatów, a przede wszystkim winny ocet zmieszany z oliwą, który szybko gasił pragnienie. Miriam, której podziwu godny kunszt piekarski znany był w Nazarecie i w całej okolicy, wypiekała płaskie chleby, owe wspaniałe chleby o idealnie kolistym kształcie i niepojętej delikatności, dobrze wypieczone i smakowicie chrupiące, lekkie, a przy tym tak syte, że uchodziły powszechnie za nie lada przysmak. Kobiety przygotowywały istną górę łuskanych orzechów, migdałów oraz daktyli, winogron i jabłek.

Efraim osobiście dokonał przeglądu win w swojej piwnicy, a oczy jego radowały się widokiem pękatych bukłaków, napełnionych najprzedniejszymi gatunkami starych win. Wiedząc, że wielu spośród zaproszonych gości cieszy się sławą wytrawnych znawców wszelkich gatunków wina, napoju rozweselające serce – nie darmo jeden z mędrców powiedział, że nawet za ostatni wór warto kupić wór wina – własnoręcznie przyrządził rozmaite przyprawy z aromatycznych ziół, które wsypane do drogocennego napoju, pomnażały jego przyrodzony smak i zapach. Już na kilka dni przed godami poczęli przybywać goście".

Tak przygotowania do wesela w Kanie Galilejskiej (opisywanego w 2. rozdziale Ewangelii św. Jana) opisywał polski pisarz i znawca Biblii, Roman Brandstaetter. Występująca w tekście Miriam to oczywiście Maryja, matka Jezusa. Efraim to literacka wariacja Brandstaettera na temat ojca pana młodego (bo przecież jakiegoś ojca ów pan młody mieć musiał). „Efraim ben Icchak z Kany Galilejskiej – było to małe miasteczko, położone na północ od Nazarethu, w szerokiej dolinie, gęsto pokrytej winnicami – żenił swojego jedynego syna, Jonę, z Leą, córką Jezekhela, swojego sąsiada, bogatego sandalnika". Jak w rzeczywistości nazywali się państwo młodzi? Czym się zajmowali i z czego żyli ich rodzice? Nie mamy zielonego pojęcia. Autor Ewangelii nie uznał za stosowne nas o tym poinformować (choć nie brakowało w historii Kościoła takich, co przekonywali, że to on sam był owym panem młodym, opisał po prostu swoją weselną imprezę). Jego interesowało tylko jedno: cud, jakiego na owym weselu dokonać miał Jezus, zamieniając (różnie liczą, ale przyjmijmy z grubsza) około 500 litrów czystej, źródlanej wody w taką samą ilość (czyli ok. 700 naszych butelek, proszę to sobie wyobrazić) wysokogatunkowego wina.

Dlaczego jednak Jezus w ogóle się na tym weselu znalazł? Czy osobiście znał pana młodego, młodszego pewnie od Niego o parę lat? Może zaproszenie zorganizował świeżo upieczony uczeń Jezusa Bartłomiej, który pochodził z Kany? Może kluczem były tu więzi rodzinne? Apokryfy przekonywały, że Maryja była ciotką pana młodego, którym mógł być sam Jan Apostoł. Niekoniecznie musiało być aż tak, ale jakiś stopień pokrewieństwa między gospodarzami a interesującymi nas gośćmi był oczywiście możliwy. Dla ciekawskich jeszcze parę wyjaśnień. Gdzie była owa Kana? W Galilei, prawdopodobnie parę lub paręnaście kilometrów od Nazaretu. Jest Maryja, jest Jezus – gdzie był święty Józef? Prawdopodobnie już na łonie Abrahama (rozplotkowane apokryfy podają, że umarł, gdy Jezus miał około 20 lat). Kiedy odbywało się to wesele? Prawdopodobnie Jezus dotarł na nie w nocy z wtorku na środę. Wtedy właśnie zgodnie z tradycją startowały imprezy weselne, gdy stan cywilny zmieniała dziewica (gdy chodziło o wdowę – bajobongo zaczynało się w czwartek).

Zwolennicy tzw. metody historyczno-krytycznej, którzy od dekad spędzają życie na próbach wypatroszenia świętych pism z wszystkiego, co nie jest w nich hardkorową faktografią, twierdzą, że owego wesela tak naprawdę wcale mogło nie być. Że wszystko to wymyślił sobie święty autor tekstu, bo pasowało mu to do paru teologiczno-narracyjnych koncepcji. Super. Tylko czy z faktu, że rzeczywiście to zdarzenie idealnie wpisuje się w schemat narracji Jana, z automatu wynika, że nie miało miejsca? A może ma tu zastosowanie strategia „dwóch i", a więc: i miało miejsce, i się wpasowało? Dlaczego najprostsze odpowiedzi muszą być zaraz z gruntu podejrzane?

Jasne, jak to świetnie ujmuje biblista ks. Stanisław Mędala: „czwarta Ewangelia bierze tradycję i wstawia ją w narrację, dramatyzuje ją i rozwija w opowiadanie". Mamy tu więc rzeczywiście nie tylko alkohol i mięska, ale i Jezusa, który pokazuje, że Jego misja przekracza wyobrażenia wszystkich, którzy go otaczają. Włącznie z jego Mamą, która na tym etapie sądziła pewnie, że Jezus też – po odejściu z domu – zdecydował się zostać wędrownym rabbim, nauczycielem. W tekście mnóstwo jest odniesień do tego, co ma się stać później. Jezus, zwracając się do Maryi, używa idiomu *Ti emoi kai soi*, którzy jedni tłumaczą: „To ani moja, ani twoja sprawa, zostaw to w spokoju, odczep się", ale są też i tacy, którzy twierdzą, że to: „Jakaż mogłaby być niezgoda między mną a Tobą?". Jezus sugeruje więc (na twardo lub na miękko), że nic nie będzie robił ze zgłoszonym Mu deficytem alkoholu, bo „jeszcze nie nadeszła godzina moja”. Kiedy nadejdzie? Wiadomo, na krzyżu. Co ma z tym wspólnego wino? Oj, bardzo wiele.

Po pierwsze: pierwsi słuchacze (czytelnicy) Janowej Ewangelii funkcjonowali w otoczeniu niezwykle wówczas popularnego i rozwiniętego kultu Dionizosa, boga wina, który – jak wierzono – miał moc zmienić życie prostych ludzi w upajający, boski napój. I oto tu pojawia się Ten, który daje ludziom prawdziwe, pyszne wino, a nie jakieś dionizyjskie siki. Po drugie: każdy pobożny Żyd znał pojawiające się w Starym Testamencie zapowiedzi „uczty mesjańskiej”: wielkiej imprezy, którą Bóg na końcu czasów, po przyjściu wyczekiwanego Mesjasza, wyda dla udręczonego ludu. Autorzy (zwłaszcza Izajasz) podają menu owego wydarzenia, wyliczając, że będzie tam dużo bardzo tłustego mięsa (tłuszcz był wówczas symbolem obfitości i zamożności, a nie jak dziś: żywieniowej patologii) oraz najwyborniejszych win. I oto tutaj Jezus oferuje weselnikom to, co zaoferować miał Mesjasz. Tym znakiem (pierwszym publicznym cudem) daje więc jasny sygnał, kim jest i po co przychodzi. I niektórzy ten znak zrozumieli. Ewangelista na zakończenie opowieści podaje, że po tej właśnie historii „uwierzyli w Niego jego uczniowie”.

Czyli co, wcześniej nie wierzyli? A poza tym – kim byli? Z kim Jezus poszedł albo spotkał się na imprezie? Z poprzedniego rozdziału Ewangelii dowiadujemy się, że mogli to być Andrzej, Piotr, Jan, Filip i Bartłomiej. Może wszyscy, a może tylko niektórzy z nich. Jeśli na miejscu był też Jan (na podstawie jego wspomnień mogli spisać i zredagować tę opowieść inni Janowie; o skomplikowanej kwestii autorstwa tej Ewangelii proszę poczytać sobie więcej choćby u księdza Mędali) – człowiekowi, który czyta ten tekst, nie może nie rzucić się w oczy inna historia z jego udziałem, która znów zepnie całą tę historię jak klamrą. Na początku misji Jezusa nasz Jan musi zobaczyć wodę zmieniającą się w wino, by uwierzyć. Ale jest to wiara tylko na trochę. Tak naprawdę w Jezusa uwierzy bowiem przecież dopiero, gdy zobaczy pusty grób. „Ujrzał i uwierzył" – mówi o sobie wówczas. Stąd wniosek, że stojąc pod krzyżem (jako jedyny facet spośród uczniów, reszta stchórzyła i zwiała) – jednak do końca Jezusowi nie wierzył. Gdy odłączał się od Jana Chrzciciela (którego najpierw był uczniem), a jeszcze przed spróbowaniem nowego wina w Kanie – nie wierzył jeszcze bardziej. Więc dlaczego ów rybak o wyraźnych poetyckich inklinacjach w ogóle za Nim poszedł? Zaufał duchowej intuicji? A może zostawił jednego nauczyciela dla drugiego z czystej, ludzkiej ciekawości, bo zobaczył coś, czego wcześniej nie widział?

Zostawmy na moment Jana, postać na tyle złożoną, że sama w sobie domaga się osobnych tomów. Poprzestając na konstatacji, że gdybyśmy chcieli oczekiwać od ludzi od razu, na starcie, wyłącznie najczystszych, uduchowionych motywacji do otwarcia relacji z Panem Bogiem, to ani apostołów by nie było, ani 99 procent chrześcijan też nie. Jeden pójdzie za Panem, bo pomodlił się o wygraną i właśnie mu się trafiła, inny – bo go ochrzcili w dzieciństwie rodzice. Jeszcze inny, bo poznał fajną, wierzącą dziewczynę i w zasadzie co mu szkodzi czasem przejść się do kościoła, inny – bo słyszał, jakie akcje dzieją się, gdy w okolicy zjawia się ks. Bashobora. Pytanie, które najżywiej dręczy mnie, zawsze gdy słucham tej Ewangelii, brzmi jednak: co się stało z bohaterami drugiego planu tej historii? Z obsługą weselnej sali? Przez autora relacji potraktowani są tu jak cylinder, z którego magik wyciąga króliczka. Co oni musieli mieć w głowie, decydując się na wykonanie czynności tyleż angażującej fizycznie, co z gruntu idiotycznej: napełnienia sześciu naczyń o pojemności od 60 do 90 litrów wodą, a następnie zaniesienia ich do spróbowania przełożonemu, od którego mogli spodziewać się wszak tylko jednego: że dostaną za robienie sobie z niego regularnych jaj? A on z kolei – niczego innego nie mógł się spodziewać od pana młodego.

Kim byli? Czy wynajętą obsługą weselnej sali, czy może krewnymi i sąsiadami pary młodej, którym przydzielono takie właśnie zadanie? Jeśli pan młody był bogaty – opcja numer jeden. Jeśli nie – opcja numer dwa. Formalne stworzenie nowej podstawowej komórki społecznej było w tamtych czasach jeszcze większym wydarzeniem logistycznym, niż bywa dzisiaj, gdy sale weselne rezerwować trzeba jeszcze przed poczęciem państwa młodych. Wstępem były zaręczyny, składające się z wynegocjowania przez pana młodego „odszkodowania", jakie będzie musiał zapłacić rodzinie panny młodej za wyrwanie jej z rodzinnego domu. Gdy kontrakt był podpisany, następowała formalność: poproszenie o rękę samej zainteresowanej i obdarowanie jej pierścieniem. Od zaręczyn do ślubu mijał czasem i rok. Panna młoda uczyła się wtedy wszystkiego, co mogłoby się jej przydać, przede wszystkim – cierpliwości do teściowej, z którą będzie musiała zamieszkać, i wszystkich licznych szwagierek, na pewno chętnych do udzielania dobrych rad. Pan młody, podtrzymując w tym czasie za pomocą przesyłanych podarków płomień rozpalony w swej wybrance, szykował w tym czasie dom do weselnej imprezy, zamieszkania w nim nowej rodziny, montował weselicho, a gdy wszystko było już gotowe – ruszał w uroczystej procesji po swoją połowicę.

W tej właśnie znaczeniowej przestrzeni działa się historia opisywana przez Jezusa w przypowieści o pannach mądrych i głupich, którą Jego słuchacze na pewno łapali w mig, a my możemy nie mieć pojęcia, o co chodzi. No więc cały wic polegał na tym, że nie było wtedy komórek ani GPS-ów, i panna młoda nie wiedziała, kiedy dokładnie pan młody przyjdzie, by zabrać ją do siebie. Dzięki donosom znajomych można było się tego spodziewać z dokładnością do dnia, ale raczej nie do godziny. Mogło się więc zdarzyć, że – jak w przypowieści – kawaler pofatyguje się o północy (gdy temperatura w tamtych rejonach świata jest już dużo bardziej łaskawa niż w dzień; większość ślubów zawierano wówczas podobno wczesnym latem, w okolicach naszego maja i czerwca; chodziło i o to, by zminimalizować ryzyko deszczu). Panna młoda i jej druhny powinny więc zawczasu przygotować sobie również baterie do latarek, jeśli nie chciały wyjść przed panem młodym na idiotki.

Wesele trwało tydzień. Imprezę organizowała wynajęta firma cateringowa albo – zrzutkowo – cała lokalna społeczność, według do dziś wspaniale funkcjonującej w wielu rejonach świata zasady: dziś my pomożemy wam, jutro wy pomożecie nam (podobno przyjęty był znany i dziś w Polsce zwyczaj, że zaproszeni na bankiet goście przynoszą ze sobą po jednej potrawie i po butelce – wówczas worku – wina). Douglas E. Neel i Joel A. Pugh, autorzy przenikliwej monografii o kulturze kulinarnej czasów Palestyny w I wieku („Jedzenie i uczty Jezusa"), piszą: „Ponieważ feta trwała aż siedem dni, mogła przypominać to, co dziś nazywamy domem otwartym. Przyjaciele i krewni wpadali, kiedy mogli. Każdego wieczora spożywano obfity posiłek, po którym następowały dalsze hulanki. W końcu goście szli do domu, by następnego dnia zjawić się tak wcześnie, jak tylko mogli. W ciągu dnia goście mieli do swej dyspozycji wino i lekkie przekąski, takie jak chleb, dipy, suszone owoce i sery. Większość zjawiała się późnym popołudniem, po zakończeniu pracy. Kobiety były obecne, ale jadły przy osobnych stołach, z dala od mężczyzn". Jakiegoż wysiłku organizacyjnego musiało wymagać to wszystko w świecie, w którym nie było lodówek!

Kulinarno-biblijni fachowcy wiele miejsca poświęcają też zagadnieniu weselnego placka, pradziadka dzisiejszych, krojonych o północy drżącą ręką tortów. „W I wieku kucharze i piekarze wytwarzali słodycze i ciastka, nie mając dostępu do takich składników, jak rafinowany cukier czy czekolada, do substancji spulchniających, takich jak soda czy proszek do pieczenia. Ówczesne placki przypominały płaski sernik lub współczesne placki z suszonymi owocami, na przykład daktylami czy morelami, osłodzone miodem lub syropem owocowym, lub też dzisiejszy keks wypieczony ze zwykłego ciasta chlebowego z dodatkiem drobno pokrojonych suszonych owoców". Wiedzą też co nieco na temat prawdopodobnego gatunku obecnego na weselu w Kanie wina: „Uważa się, że w starożytności najbardziej rozpowszechnione i lubiane na Bliskim Wschodzie były odmiany syrah oraz słodki muscat. Ten pierwszy szczep pochodzi z okolic irańskiego miasta Sziraz". Wino – chętnie pite, stosowane jako lek (już Hipokrates paręset lat wcześniej kurował winkiem przypadłości kardiologiczne i zaburzenia nastroju; w czasach Jezusa używano go też do dezynfekowania wody), na bankietach prawie zawsze mieszano z wodą, w różnych proporcjach, w zależności od rangi imprezy, gości i statusu materialnego rodziny. W kulturze hebrajskiej źle widziane było opilstwo à la starożytna Grecja czy Rzym, czas wesela był jednak zupełnie szczególny – tu pić można było do woli.

Kto chciałby wykonać sobie w warunkach domowych inscenizację galilejskiego wesela, może sięgnąć po pracę panów Neela i Pugha i zrealizować podane w niej przepisy na dipy z oliwy i tymianku, ogórki duszone z koprem, potrawkę z wołowych żeberek z jęczmieniem albo pieczoną przepiórkę z glazurą z granatów. My wracajmy jednak na zaplecze domu świeżo upieczonego małżonka. Dramat trwa tu w najlepsze. Z jednej strony – wiedza Maryi o tym, że w piwnicy skończyły się już worki z winem, wskazywałaby na jej zaangażowanie w proces przygotowania wesela, a więc na to, że była to impreza rodzinno-składkowa. Z drugiej – mogło przecież być i tak, że ulokowane przy osobnym stole panie wyczuły (albo usłyszały) to, z czego przy głównym stole nie zdawano sobie jeszcze sprawy. Dla potrzeb opowieści załóżmy, że pan młody był jednak nieźle sytuowany, a więc że służba pochodziła z zaciągu, nie spośród krewnych i znajomych królika.

Nasz sługa parę rzeczy już więc pewnie w życiu widział, paru sytuacji był świadkiem. Klasyczni autorzy wiele miejsca poświęcili refleksjom nad rozluźniającymi właściwościami alkoholu. Na tych ziemiach, będących wówczas przecież pod rzymską okupacją, z pewnością nieraz miano okazję się o tym przekonać. Rzymskie uczty, wzorowane na greckich, podczas których zawsze najpierw jedzono, a później głównie ostro pito (zarządzał tym procesem jeden z gości, *arbiter bibendi*, na którego karby wkładano nie tylko wybór drinków, ich kolejność, ale też np. proporcje mieszania ich z wodą), musiały dostarczać wrażeń podobnych jak te znane bywalcom współczesnych prowincjonalnych wesel, którzy mają na tyle silną głowę, by pozostawać w kontakcie z rzeczywistością o, dajmy na to, trzeciej czy czwartej nad ranem.

Niekiedy mogło na nich dodatkowo dochodzić do sytuacji nieco bardziej krępujących skromny umysł. Parę lat temu odkryłem, że w zbiorach British Museum w Londynie przechowywany jest tzw. Puchar Warrena, wykonany prawdopodobnie około 10 roku naszej ery w okolicach Jerozolimy (a więc w czasie, gdy Jezus prawdopodobnie był nastolatkiem i mieszkał sto kilometrów na północ). Kunsztowna robota, ktokolwiek go zamówił, musiał za niego dać pewnie około 250 denarów (denar był wówczas mniej więcej dniówką przeciętnego robotnika; za 250 denarów można było kupić sobie niewolnika albo 25 dzbanów wysokiej klasy winnego trunku). Musiał więc należeć do przedstawiciela okupacyjnej elity, a może do jakiegoś zgrecyzowanego żydowskiego książątka. Zgrecyzowanego do tego stopnia, że nie przeszkadzało mu to, co na tym kielichu przedstawiono, a są to dwie sceny gejowskiego seksu (w tym jedna – ewidentnie z chłopcem), przedstawione niezwykle sugestywnie i osadzone (sądząc po stroju, a w zasadzie po tym, co panowie mają na głowach, bo poza tym – nic innego nie mają) w kulturze starożytnej Grecji. Trzydzieści lat po śmierci Jezusa Rzymianie zburzyli Jerozolimę, krwawo tłumiąc żydowskie powstanie, puchar zniknął i wypłynął na światło dzienne dopiero w 1911, gdy w Rzymie kupił go za 2000 funtów kolekcjoner Edward Warren. Jego spadkobiercy chcieli go w latach 50. sprzedać Muzeum Brytyjskiemu, jednak będący wówczas w jego władzach arcybiskup Canterbury wyraził sprzeciw. Do transakcji doszło ostatecznie w 1999, gdy naczynie nabyto do zbiorów za prawie dwa miliony funtów (największa kasa wydana do tamtej pory na pojedynczy eksponat w całej historii Muzeum). Stoi tam sobie teraz, jako *memento* czasów, w których o kilometry od siebie żyli: człowiek, który podczas ostatniego posiłku ze swoimi uczniami błogosławił (nazywaną później Graalem) czarkę (pewnie glinianą) z gorzkim winem, mówiąc, że jeśli będą to czynić na jego pamiątkę – nie umrą, i ktoś, kto w tym samym czasie, zanurzony w jedwabiach i pluszach, sączył winne pyszności, a po całym swoim życiu nie zostawił po sobie żadnego śladu, którego imię okazało się ostatecznie mniej trwałe od srebrnego, zbereźnego pucharka.

Czy nasz sługa z Kany mógł trzymać w ręku i to naczynie, z którego pił Jezus, i to, z którego pił człowiek zupełnie nieświadomy, kogo ma pod bokiem? I że jest to ktoś, kto może napełnić jego kielich czymś więcej niż procentami, odraczającymi czasem ból, ale na pewno nieodraczającymi śmierci? Kto mógłby ów zbieg okoliczności wykluczyć? Jasne, że Graala, kielicha z Wieczernika, mogło nie być wtedy jeszcze na świecie, ale na owym weselu Jezus wino z czegoś musiał przecież pić. Nie miało ono wtedy jeszcze znaczenia, jakie zyska podczas ostatniej wieczerzy, ale kontekst już przecież był: Bóg realnie był już wtedy z ludźmi. I nie tylko przemawiał do nich czy im błogosławił, ale śmiał się z nimi i płakał, spał u nich, jadł śniadania (choć wtedy jadano głównie kolacje) i pił.

Dla owego służącego był z początku z pewnością po prostu jeszcze jednym z ówczesnych nauczycieli. W Galilei działał wtedy, podobno uważany za coś w rodzaju skrzyżowania mistyka z magikiem, znany zaklinacz deszczu (podobno niezwykle skuteczny), Abba Hilkiasz. Niezły w te klocki był też podobno jego kuzyn, Hanan. Może już wtedy doskonalił się w leczeniu modlitwą, młodszy od Jezusa, a mieszkający w okolicy (około 20 km od Nazaretu) chasyd Hanina ben Dosa. Jezus, jako się rzekło, jest na tym na weselu wraz z kilkuosobową obstawą składającą się z uczniów, którzy sami pewnie jeszcze nie wiedzą, czego chcą i o co im chodzi. Kiedy zaś jego rodzona matka informuje go o krytycznej dla reputacji państwa młodych sytuacji, On – nie wprost – odmawia wykonania cudu. Chwileczkę, ale czy ona w ogóle prosiła Go tu o jakiś cud?

Opisywałem już w innym miejscu, jak z filologiem klasycznym, dr. Janem Kozłowskim, stworzyliśmy kiedyś analogię do tej sytuacji. Matka mówi do syna: „Nie ma bułek". On na to mówi: „Nie pójdę". Na co ona: „W takim razie kup pięć". Linie równoległe – komunikaty, które się nie przecinają. Ona o nic nie prosi, on zżyma się, że tego nie zrobi, ostatecznie ona mówi, że on zrobi. No i finał: On jednak to robi. Dlaczego?

Z naszej perspektywy, ludzi, którzy wiedzą, co było później, można rzecz jasna snuć przypuszczenia, że robi to ze względu na to, co zrobi później (patrz wspomniany wcześniej wątek trzyelementowej klamry: Kana – Golgota – pusty grób). Ale przecież wszyscy aktorzy tej sytuacji tu i teraz nie mają pojęcia o tym, co będzie później. Tu sytuacja jest prosta: matka mówi: ludzie mają kłopot. Syn pewnie wie, że ona nie wie, że oczekuje właśnie od niego oficjalnego wejścia na drogę, która nie będzie wcale bułką z masłem. Ma zarazem w sobie coś takiego, co skłania służących do tego, by spełnili jego absurdalną prośbę. Ba, żeby poszli i zanieśli to kierownikowi cateringu (w naszym tłumaczeniu „staroście weselnemu", choć tropiciele historycznych detali zarzekają się, że kogoś takiego w tamtej obyczajowości nie było). Jego rola jest tu jednak jasna: zaświadcza on o wyjątkowo wysokiej jakości przemienionego przez Jezusa trunku. Czy służący, niosąc nowe wino do spróbowania decydentowi (ktokolwiek by nim nie był: szef kelnerów, wyznaczony do „ogarnięcia" wesela krewny, honorowy gość), wcześniej umoczyli już w nim języki, wiedzieli, co niosą? Nie wiadomo. Jak konkretnie, w którym momencie woda zmieniła się w wino? Nie wiadomo. Ja z uporem maniaka chciałbym jeszcze zwiększyć „zoom", skupić się na tej jednej sekundzie, w której po *dictum* Jezusa pierwszy ze służących odwraca się na pięcie i idzie wypełnić

Jego polecenie. Do decyzji jednego człowieka, by tak zaufać drugiemu człowiekowi, by nataszczyć paręset litrów wody (dla jaj, dla przekonania się, co będzie, takich wysiłków raczej się nie podejmuje).

Co ten służący zobaczył w Jezusie? Co zobaczyli w nim wszyscy ci, których Mistrz z Nazaretu, proszony o interwencję, najpierw zdaje się zbywać (później: ojciec proszący o uzdrowienie chorego, Maria i Marta apelujące o uzdrowienie swojego brata Łazarza albo kobieta prosząca o uwolnienie córki od złych duchów), a później dokonuje jednak cudów takich, że żuchwy opadają do ziemi? Jezus reaguje w tych sytuacjach zawsze tak samo: najpierw chce wykazać ludziom niezgodność ich agendy z Bożą agendą (Bóg patrzy wszak na nasze nieszczęścia z zupełnie innej perspektywy; my wierzymy, ale jeszcze nie wiemy, że będzie *happy end*), później jednak nagina ją do aktualnych potrzeb człowieka. I ten dostaje: wino, zdrowie, wolność od udręk, ba – nawet wskrzeszenie.

Nie przypuszczam, że służący z Kany zrozumiał całą tę symboliczną lekcję, dawaną przez świętego Jana: bańki na wodę przeznaczoną do zalecanych przez Stary Testament rytualnych oczyszczeń na jego oczach wypełniły się znakiem końca starych czasów. Być może został mu jednak w uszach przedziwny dialog rabbiego z Jego matką, budzący myśl dziwną i rewolucyjnie świeżą: że milczenie, brak reakcji, *desinteressement* Boga nie jest dla wierzącego powodem, by przerwać modlitwę. Że cud może czekać dosłownie tuż za rogiem, przed którym przysiedliśmy już wycieńczeni i zrezygnowani długą drogą. I że aby powstało wino, czasem nie tylko wina człowiek musi nie mieć, ale nawet i banalnej wody (bo przecież gdy Maryja konstatuje, że nie ma wina, Jezus zaczyna od tego, że stwierdza brak wody).

Służący z Kany mógł więc na własnej skórze przerobić lekcję numer jeden, którą przerobić musi każdy proszący o cuda: chcesz coś dostać? Najpierw musisz mieć naprawdę puste ręce. Nie mieć w nich nic a nic. Bo jak możesz oczekiwać, że ktoś rozdzielający dary zatrzyma się przy tobie, jeśli zobaczy, że czymś jesteś już obciążony i zajęty? Im więcej będziesz miał w swoich stągwiach wody – tym mniej zmieści się do nich wina, tym bardziej będzie rozcieńczone. I uwaga: nie chodzi tu o wyzbywanie się rzeczy, a siebie. Nie o autoagresję, a o bulgoczący chyba w większości jednostek zaludniających ten świat od jego początków pomysł, że przecież jakoś dam radę, zrobię, załatwię, ogarnę. Najbardziej spektakularne cuda dzieją się wtedy, gdy człowiek naprawdę, do bólu, a nie tylko teoretycznie albo emocjonalnie, spotka się ze swoją bezradnością. Sam się ogołoci, życie to zrobi albo Pan Bóg. Spece od bliskowschodniej obyczajowości i praw z tym związanych, cytowani przez Raymonda E. Browna w jego komentarzu do Ewangelii Jana (patrz: bibliografia), snują frapujące hipotezy, że jeśli impreza w Kanie była zrzutkowa, wina mogło zabraknąć, bo Jezus z uczniami nie donieśli na nie (gdyż byli za biedni) swojej części winnego prezentu weselnego.

Tak czy siak, z tego czy innego powodu, tą czy inną drogą, z fajerwerkami czy bez, dochodzisz do momentu, gdy krok w przód rzeczywiście oznacza wyrżnięcie głową w ścianę. Wtedy nie musisz nawet prosić o cud (przypomnijmy: Bogurodzica w Kanie nie prosiła). Wystarczy, że staniesz przed Bogiem w takim właśnie stanie. Tyle, że aby to zrobić, musisz najpierw zamienić się z Nim miejscami. Pan Bóg nie będzie się nam wpychał na kolana: dopiero gdy realnie, a nie symbolicznie, zwalniam tron przeznaczony dla Kierownika tego świata, może na nim zasiąść ktoś Inny. Kto czasem zadziała tak, czasem inaczej, czasem każe działać wbrew instynktom, logice, statystykom. Jeśli to lekarz ma cię leczyć, nie ty sam, musisz wykonywać jego zalecenia. Proste.

I nawet gdy Bóg zrobi ów cud, człowiek znów może Go z tego tronu przepędzić. Uznać, że widać tak miało być, że to zbieg okoliczności, że na pewno gwiazdy miały konstelacje i pogoda pomogła. Ewangelia pełna jest postaci, które były świadkami nieprawdopodobnych rzeczy (jak np. rozmnożenie chleba i ryb), a później odmawiały dalszych kontaktów z Jezusem, powątpiewały, uznawały, że wszystko fajnie, ale może jeszcze jednak nie tym razem, i wracały do domów. Skręcam się z ciekawości: co zrobił po całym tym zamieszaniu człowiek, który wiedział, co zaszło na zapleczu wesela, nasz służący? Roztrąbił to wszystkim? Poszedł do Andrzeja i Jana z pytaniem, jak można by tu się zapisać do uczniów Jezusa? A może – i tak bywa – z Bożej interwencji zrobił ciekawostkę, dziwadełko, historię (albo co gorsza: historyjkę) opowiadaną po paru głębszych przyjaciołom lub – kiedyś – wnukom? Na własne oczy widział, na własne uszy słyszał Boga, który jadł rybę, chleb i pił wino – ale czy uwierzył?

Rozdział III

Cesarz Guangwu.
Za dobry dla eunuchów.

Jesteśmy w Luoyang, to dzisiejsze środkowo-wschodnie Chiny. Nazwa miasta oznacza w dosłownym tłumaczeniu „Słoneczny brzeg rzeki Luo", a od 27 listopada 25 r. naszej ery jest ono stolicą cesarstwa Chin. Przeniósł ją tu (z oddalonego o 335 km na zachód miasta Changan) cesarz Guangwu, odnowiciel dynastii Han. Jest lipiec, więc Guangwu kończy właśnie przygotowania do kolejnej kampanii zbrojnej. Od paru lat próbuje posklejać kraj, który jego poprzednik zostawił w bardzo kiepskim stanie. Tym razem celem jest region Xizhou, północ dzisiejszych Chin, gdzie szarogęsi się niejaki generał Wei Xiao. Guangwu, zgodnie z najlepszymi konfucjańskimi zasadami, nie ma w zwyczaju sięgać po rozwiązania zbrojne, zanim nie wyczerpie środków dyplomatycznych. W kolejnych listach apeluje więc do Wei, by się podporządkował, oferując mu za to tytuły i benefity. Ten nadal gra na zwłokę, niby to czapkując cesarzowi, ale pod stołem nadal kręcąc swoje lody. Cesarz ruszy więc na niego ze swoją armią, interwencja skończy się dla Wei tragicznie, zginie w 33 roku, a jego syn i następca rok później podda stolicę ojca wojskom cesarskim.

Guangwu przejął władzę pięć lat temu. Był w sensie ścisłym równolatkiem Jezusa z Nazaretu, urodził się tak jak On (najprawdopodobniej) w 5 roku przed naszą erą, pochodził z jednej z bocznych odnóg dynastii Han. W momencie jego narodzin rodzina nie była jednak przy władzy, w 8 roku naszej ery tron zwędził jej bowiem uzurpator, dżentelmen o nazwisku Wang Mang. Zamieszanie, które do tego doprowadziło, zaczęło się już w 33 roku przed naszą erą, gdy umarł imperator Yuandi. Trzech kolejnych cesarzy żyć musiało w cieniu jego żony, cesarzowej wdowy, Cheng-chun. Ta sprytna dama wyznaczyła na kolejnego władcę jakieś daleko spokrewnione z rodziną Han dzieciątko, a sama zamianowała na jego regenta swojego kuzyna, Wang Manga. Ten po paru latach uznał, że niebiosa niczego tak nie pragną, jak tego, by objął pełnię władzy (a potwierdzały to wieloma magicznym znakami, np. podrzucając kamienie z wyraźnym obwieszczeniem, kto winien zostać cesarzem). Mając związane przez Opatrzność ręce, dla dobra swego umiłowanego ludu Wang Mang pozwolił więc uznać siebie za cesarza, ogłosił koniec dynastii Han i początek nowej dynastii (Xin).

Która zaczęła się i skończyła na nim. Wang Mang niby nie wypadł sroce spod ogona, był wykształcony, wiele lat spędził, piastując wysokie urzędy na dworze. Źdźiebko przegiął jednak z reformatorskimi zapędami, wkurzając wszystkie warstwy społeczne i nie pozostawiając sobie ani jednej, na której mógłby się oprzeć (ogłosił np., że cała ziemia w cesarstwie jest własnością cesarza, przywrócił znienawidzone państwowe monopole na alkohol, żelazo i sól, ograniczył handel). Chciał być wszystkim dla wszystkich – trochę tradycjonalistą, trochę socjalistą, a trochę władcą oświeconym, organizującym ceremonie muzyczne i komentującym dzieła Konfucjusza – skończył jak wszyscy, którzy zamiast być sobą, są socjotechnicznym projektem. Zmiotła go klęska suszy, głodu i następująca po nich seria lokalnych buntów, wśród których wyróżniało się powstanie zorganizowane przez Czerwone Brwi (ludzie nie mieli mundurów, więc stworzyli taki właśnie, analogowy system identyfikacji swój – obcy). Rebelianci tak się ucieszyli z jego zgonu, że kolejna miniwojna wybuchła o to, kto może rościć sobie prawo do szczycenia się zabójstwem Wang Manga. Jego zwłoki poćwiartowano i zbezczeszczono, w jego komnatach znaleziono ok. 150 ton złota (więcej niż wynosił wtedy roczny budżet Cesarstwa Rzymskiego), a w kraju nie stało się od tego ani trochę lepiej.

Guangwu (który jeszcze wtedy nazywał się Liu Xi) nie miał cesarskich planów, marzył o karierze w rolnictwie. Dużo bardziej wojowniczy temperament miał jeden z jego braci, który przekabacił jednak Liu Xi i używał go sprytnie jako PR-owskiego wabika dla niezdecydowanych (bo skoro ktoś tak powściągliwy i zachowawczy chwyta za broń, znaczy, że sprawa musi być wygrana i świetnie przygotowana). W trakcie walk z uzurpatorem i podczas trwającej dwa lata ruchawki po śmierci Wanga bracia nieźle dali czadu, na tron wpakował się jednak ich kuzyn, Liu Xuan. Długo nie porządził, bo zaczął zachowywać się jak krwawy satrapa, też został więc zmieciony przez frakcję Czerwonych Brwi. W międzyczasie Liu Xi opanował taką część kraju, że spokojnie mógł ogłosić się cesarzem, spacyfikował (ale pokojowo, po konfucjańsku) Czerwone Brwi i został naczelnikiem państwa.

Guangwu będzie rządzić w sumie przez trzydzieści dwa lata (umrze 27 marca 57 r. naszej ery). Dynastia Han w chińskiej historii zajmuje miejsce poczesne, jak u nas – dajmy na to – Jagiellonowie. Ich dziedzictwo przetrwało w wielu obszarach, *de facto* aż do początków XX wieku. W II wieku przed naszą erą w Chinach, pod wpływem nauk wspomnianego już wiele razy Konfucjusza (o którym więcej za chwilę), ustalono np., że stanowiska w administracji cesarskiej powinny otrzymać osoby, które zdadzą specjalny urzędniczy egzamin. Tak poczęła się kasta mandarynów. Dwieście lat później Guangwu wybuduje w całych Chinach ponad sto szkół dla takich właśnie urzędników, wiedząc, że nic tak nie scala formalnie kraju jak lojalna, kompetentna i szybko reagująca administracja.

Cesarz próbował, na ile się dało, odciąć się od potężnych klanów, naprawdę serio chciał traktować ów system awansu na najwyższe stanowiska w państwie oparty na merytorycznych egzaminach. Wyszło mu to, jak wyszło. Od 196 roku przed naszą erą zarządzono odgórnie, by każda większa jednostka administracyjna (np. królestwo) wysyłała ze swojego terenu do stolicy obiecujących młodzieńców, których można by przeszkolić do pełnienia funkcji w administracji centralnej. Mniej więcej w czasach Guangwu ustalono kwoty: na każde 200 tys. mieszkańców gubernator danej prowincji miał wysłać do stolicy jednego młodego człowieka prezentującego nadzwyczaj wysokie morale i od sześciu do dziesięciu kandydatów wybitnie ogarniętych w dziedzinie wiedzy ogólnej, ze szczególnym uwzględnieniem literatury (choć np. matematyki też wówczas uczono z zapałem, a zadania z tamtych czasów jako żywo przypominają te nasze: „Człowiek pracuje jako tragarz soli. Jeśli otrzymuje 40 monet za przeniesienie dwóch miar soli na odległość 100 li, ile otrzyma za przeniesienie 1,73 miary na odległość 80 li?"). W tym gronie, choć selekcja doń miała być czysto merytoryczna, zaskakująco często znajdowali się jednak synalkowie rodzin dobrze już ustawionych, mieszkających najbliżej miast, gdzie ustalano listy szczęśliwców. Zdarzało się też – jak można wnosić po tym, że zdarzało się dziedziczenie urzędów – że konkursy bywały ustawiane. Czynnikiem zakłócającym czystość procedur najpierw była szlachetna krew kandydata, z czasem stał się nim – co za niespodzianka – majątek.

Działo się tak, mimo iż wszędzie powtarzano, że jednym z fundamentów państwa powinna być myśl wspominanego już Konfucjusza. Żyjącego na przełomie VI i V wieku przed naszą erą mędrca, który nie zrobił kariery w polityce (charakter podobno miał wybitnie nieprosty – apodyktyczny i nieprzysiadalny), religia też go za bardzo nie kręciła, całą energię zużywał bowiem na to, jak sensownie poukładać stosunki ludzi z ludźmi, zanim zacznie się wchodzić w ich relacje z bóstwami. To jemu pierwszemu przypisuje się sformułowanie tzw. złotej zasady („nie czyń drugiemu, co tobie niemiłe"), którą polecał aplikować nie tylko w relacjach Kowalskiego z Kowalskim, ale stosować też np. w polityce zagranicznej. Sugerował, że człowiek staje się w pełni człowiekiem, gdy w miejsce swojego ego i jego podszeptów, wstawi potrzeby i pragnienia innych („Chcesz urosnąć? Spraw, by dzięki tobie rośli inni"). Z naciskiem powtarzał, że oświeconym człowiekiem może stać się każdy, niezależnie od urodzenia, decydującym czynnikiem jest bowiem nie pochodzenie, a cnota. Wielką wagę przywiązywał do powinności, jakie obowiązują wzajemnie członków rodziny, przyjaciół, władców i poddanych. Wierzył w spalającą i oczyszczającą siłę wspólnie celebrowanych rytuałów (w których liczy się każdy człowiek – rytuał nie wypali, jeśli zabraknie w nim choćby najdrobniejszego elementu), w powtarzanie czynności, które kiedyś przyniosły dobry skutek. Wszystko to prowadzić miało ludzi do osiągnięcia stanu niebiańskiego pokoju już tu, na ziemi. Jego myśli nie traktowano dogmatycznie, często degenerowano (rytualizowanie życia prowadziło do przejmowania kontroli nad nim przez kastę „operatorów rytuału"), uważano za zbyt idealistyczną. Przez wiele lat była jednak jednym z głównych smaków w wieloskładnikowym kotle chińskich idei, w kulturze do dziś chętnie witającej nowinki, ale niepozwalającej żadnej z nich na uzyskanie dominującej nuty w wywarze.

Jak na ideowej siatce obowiązującej w czasach Guangwu pozycjonowano szefa państwa? Władza chińskiego cesarza opierała się na zupełnie innych założeniach niż choćby ta jego rzymskiego kolegi (warto pamiętać, że pod władzą tych dwóch mężczyzn w czasach Jezusa pozostawała ponad połowa ówczesnej ludzkości; spis powszechny w Chinach na przełomie naszej ery wykazał prawie 60 mln obywateli). Niby obaj cieszyli się boskim statusem, obaj mieli do dyspozycji potężną administrację i wielotysięczne armie. Rzymski cesarz energię potrzebną do sprawowania władzy czerpał nie tylko z nadania niebios; jej pokłady zasilał też, regularnie zanurzając się w społecznych nizinach. Potwierdzał swój status poprzez obdarowywanie motłochu swoją obecnością podczas masowych imprez, paradował, pozdrawiał, dawał się uwielbiać. Chiński cesarz od początków dynastii Han żył jednak szczelnie oddzielony od świata za murami swych pałaców. Kraj był w trakcie jednoczenia, uznano więc, że dobrze mu zrobi taki symbol: gość zesłany ludziom z góry, nie jakiś tam *primus inter pares*, ale unikatowy, jedyny samowładca z nieziemskim mandatem oddzielony od śmiertelników kolejnymi kręgami przekazujących ludowi jego wolę urzędników i dworzan, wśród których ważną rolę pełnili eunuchowie.

Znani w Rzymie, znani w Bizancjum, wspomina o nich nawet sam Jezus w Ewangelii (mówiąc o „niezdolnych do małżeństwa, których ludzie takimi uczynili"). W Chinach ich grono rozszerzało się paradoksalnie wraz z konfucjańską reformą administracji – ludzie zbyt biedni, żeby dostać się do urzędniczych szkół, albo zwyczajnie zbyt mało zdolni, by to zrobić, decydowali się czasem na kastrację, by założyć systemowi „by-passa" i dostać się na dwór władcy tylnymi drzwiami. Na owym dworze zaś pełnili oni rolę nie tylko zaufanych sekretarzy, ale i nadzorców wielu sfer cesarskiej działalności, ze szczególnym uwzględnieniem kluczowej z dynastycznego punktu widzenia aktywności prokreacyjnej monarchy. Cesarz od maleńkości wyrastał więc otoczony przez eunuchów, którzy byli jego nauczycielami, towarzyszami zabaw, a nierzadko i pierwszymi partnerami seksualnymi. Ich liczba rosła tak, że pod koniec III wieku przed naszą erą na chińskim dworze powołano specjalny urząd zajmujący się koordynacją pracy eunuchów. Eunuchowie prowadzili szczegółowy kalendarz cesarskich zbliżeń z poszczególnymi nałożnicami (by w przypadku poczęcia dziecka móc precyzyjnie ustalić datę), a czasem nawet pełnili podczas nich rolę sędziów technicznych. Rozwijali też sztukę i naukę (to eunuch Cai Lun w 105 roku naszej ery, po mozolnych eksperymentach z różnymi substancjami, wynalazł papier; sowicie wynagrodzony za epokowe odkrycie – przehulał wszystko i skończył marnie).

Eunuchowie byli naturalnymi sprzymierzeńcami dworskich dam w sztuce rządzenia z tylnego siedzenia. Oni, pozbawieni swojego męskiego statusu i praktycznie niemający szans na egzystencję nigdzie poza dworem, oraz damy (np. czternaście kategorii cesarskich konkubin), którym z racji zwyczaju i prawa nie wolno było pełnić żadnych funkcji, realizowali swoje pragnienie wpływania na bieg wydarzeń poprzez osiąganie maestrii w zakulisowych rozgrywkach. Historycy chińscy wspominają żyjącego pod koniec III wieku przed naszą erą eunucha Zhao Gao, który po śmierci cesarza ukrył jego ciało w specjalnej, pochłaniającej zapachy trumnie i tak długo zwlekał z ogłoszeniem jego zgonu, aż udało mu się na spółkę z jednym z cesarskich synów wykończyć prawowitego dziedzica tronu, za co został później wynagrodzony stanowiskiem szefa dworskiej agencji eunuchów, ale jego ambicje na tym się nie skończyły, więc po zabiciu wielu innych osób sam został w końcu zabity.

Guangwu, jak wielu jego poprzedników, z pewnością też znalazł się w samym środku tego napięcia, między młotem cywilnej służby urzędniczej (reprezentowanej przez dwóch najwyższych oficjeli: premiera i szefa służby cywilnej oraz dziewięciu ministrów: m.in. od bezpieczeństwa pałacu, spraw wyznaniowych i obserwacji gwiazd, podatków i inwestycji publicznych) a kowadłem wylęgarni pałacowych intryg organizowanych przez damy i kastratów. Ulegając prośbom tych ostatnich, wydał dekret, że służącym w jego pałacu nie może wręcz być ktoś niebędący eunuchem. Rosnąca – zwłaszcza od lat 90. naszej ery – rola i władza eunuchów doprowadzi ostatecznie do buntu przeciw nim i upadku całej dynastii Han w 220 roku naszej ery.

O życiu uczuciowym naszego bohatera zwykle superdokładne chińskie kroniki donoszą zaś tyle, że jeszcze przed wstąpieniem na tron poślubił swoją młodzieńczą miłość Yin Lihua, po czym podczas jednej z wojennych wypraw zawarł drugie, strategiczne małżeństwo z panią Guo Shengtong, córką jednego z lokalnych arystokratów i wodzów. Cesarzową najpierw mianował Yin, ale ponieważ nie dała mu ona syna, tytuł otrzymała Guo. Która jednak w końcu wkurzyła cesarza i zwrócił tytuł Yin. To, że nikogo przy tym nie pozabijał, a przeciwnie – porozdawał odsuniętym na otarcie łez tytuły i synekury, poczytuje się jako kolejny dowód na to, że Guangwu nie był potworem na tronie i nie stracił wiele ze swojego spokojnego i koncyliacyjnego usposobienia z młodości.

Takie podejście do sprawy wyraźnie się jednak opłacało i Chińczycy, którzy wszystko skrupulatnie liczyli, dobrze o tym wiedzieli. Problemem Guangwu było nie tylko scalenie kraju, ale i to, co było kłopotem wielu władców przed nim i po nim: koczownicze plemiona z północy (a później z zachodu), przeciwko którym stawiano zapory, z czasem przekształcone w słynny Wielki Mur. To właśnie przy okazji rozpoczynającej się właśnie kampanii cesarz zamierzał wdrożyć plan rezygnacji z idei masowej armii opartej na powszechnym poborze, na rzecz wspierania bojówek podbitych plemion i tworzenia zaciężnych oddziałów złożonych z ochotników i ułaskawionych skazańców. Ich zadaniem miała być obrona granic, wewnątrz kraju miały z kolei dyżurować małe, elitarne oddziały, których zadaniem była obrona centrów władzy. Z koczownikami lepiej było negocjować i kupować od nich spokój. Chińczycy wiedzieli już, że liczby nie kłamią: trwająca dekadę (107–118 naszej ery) kampania przeciwko jednemu z „barbarzyńskich" plemion kosztowała budżet państwa pięć do sześciu razy tyle, ile kosztował cały program „uspokajania" kłopotliwych sąsiadów za pomocą zastrzyków finansowych, podarków i układów.

Generalnie chińska cywilizacja była – rzecz jasna, to wielkie uproszczenie – machiną bardziej pokojową niż rzymska. W Rzymie przez wiele lat osobom ubiegającym się o stanowiska cywilne stawiano wymóg co najmniej dziesięcioletniej kariery wojskowej. Rzym wymyślony był jako narzędzie do podbijania, zdobywania, ujarzmiania. Chiny (choć to jednak duże uproszczenie) próbowały osiągnąć rozwój poprzez twórcze pielęgnowanie *status quo*. Każdy chiński mężczyzna miał swoje miejsce w siedemnasto- (albo dwudziesto-) stopniowej hierarchii i w zależności od rangi, mógł liczyć na przywileje czy nawet cesarskie prezenty (uwaga: osobnik niepiastujący urzędniczych funkcji, żeby nie wiem jak się starał i jak był fajny, mógł awansować najwyżej do ósmej rangi). Wieśniacy od lat 23 do 56 mieli przechlapane o tyle, że co roku byli powoływani na miesiąc do federalnych brygad pracy i musieli odrobić swoje w kopalniach, przy utrzymaniu dróg, kopaniu kanałów nawadniających czy transporcie rzecznym. Władza była na tyle wielkoduszna, że czasem wydatnie im w tym pomagała. Kroniki ze 109 roku przed naszą erą odnotowują, że dziesięciu tysiącom zaciężnych robotników naprawiających nabrzeża Żółtej Rzeki asystował cesarz, recytujący im w ramach moralnego wsparcia wiersze swojego autorstwa.

Te dziesięć tysięcy chłopa solidnie jednak tu pracowało, skutecznie naprawiało tamy, utwardzało drogi. System organizacji państwa Hanów działał sprawnie. Urzędnicy co trzy lata podlegali ocenie (a także byli ważeni oraz odnotowywano w raportach, jaka odległość dzieli ich miejsce urodzenia od miejsca pracy – im większa, tym lepiej, co miało stanowić zabezpieczenie antykorupcyjne). Armia szczegółowo raportowała o swoich finansach, o stanach osobowych, o rannych i chorych, spisana była ilość broni, po garnizonach krążyli inspektorzy. Oddelegowani funkcjonariusze zajmowali się kontrolą paszportów podróżujących i wpisywaniem do specjalnych rejestrów wszystkich danych ich pojazdów.

Rozwijała się nauka, sztuka, język. U początków panowania dynastii Han chińscy skrybowie używali ok. 3000 znaków. W 121 roku naszej ery było ich już 9000. Pisano głównie na jedwabiu i na drewnie, ale eksperymenty z włóknami roślinnymi skończyły się – jak już wiemy – wynalezieniem papieru (wspomniany Cai Lun skleił go ponoć z kory drzew, pokrzywy, starych szmat i rybackich sieci; wynalazek, choć epokowy, upowszechnił się jednak dopiero po paru wiekach). W 175 roku naszej ery chińscy uczeni dojdą do wniosku, że potrzebne jest standardowe wydanie, „kopia matka" dzieł przypisywanych Konfucjuszowi i jego uczniom, wystartowali więc z projektem wykucia ich w kamieniu, by zachować je dla przyszłych pokoleń (zajmie to osiem lat, ale zakończy się sukcesem). W 26 roku przed naszą erą cesarz ustanowił rewolucyjne prawo o „egzemplarzu obowiązkowym" i odtąd każde dzieło publikowane na prowincji miało być kopiowane i przesyłane do centralnej cesarskiej biblioteki w stolicy. Na społecznych szczytach toczono też zażarte debaty światopoglądowe. Chińska rzeczywistość, od najuboższych rolników po cesarski dwór, przenikniętą była wiarą w duchy kontrolujące losy monarchii i siły przyrody, dające znać o swojej woli poprzez różnorakich wieszczków. Uczony Wang Czung (który w chwili, której się przyglądamy, ma dopiero trzy lata) będzie niestrudzenie przekonywał w swoich dziełach, że zjawiskami przyrodniczymi rządzą twarde prawa przyrody i że wiedzę o świecie trzeba czerpać z gromadzenia i analizy danych, a nie z wypruwania flaków ofiarnym zwierzętom czy odczytywania inskrypcji wyrytych podobno na drzewach czy kamieniach. By ów świat naukowo okiełznać, wynajdywano nowe narzędzia. To za dynastii Han wprowadzono do naukowego obiegu liczby ujemne. Wybitny uczony Czang Heng, żyjący na przełomie I i II wieku naszej ery (który wyliczył wartość liczby Pi na 3,1622), wykonał sejsmograf składający się z urny, w której ukryte było odwrócone wahadełko (takie jak w metronomie), wprawiane w ruch poruszeniem ziemi. Wahadełko zwalniało uwalniający kulkę mechanizm tkwiący w paszczy jednego z ośmiu smoków rozmieszczonych na powierzchni urny, po czym zostawała ona „wypluta", tak że trafiała do otworu gębowego siedzącej pod każdym smokiem żaby. W ten sposób sejsmograf pozwalał też – zdaniem Czang Henga – ustalić kierunek, z którego pochodziły wstrząsy.

Postęp nauki nie oznaczał jednak oddania jej pola przez religię. Państwo utrzymywało świątynie, cesarz składał przepisane ofiary, a raz na jakiś czas pielgrzymował na świętą górę Cai, której można było powierzyć wszystkie imperialne zmartwienia, ona zaś załatwiała później sprawy z wyższymi instancjami. Jak wszyscy ludzie, którzy doświadczyli, jak nieznośne potrafi być życie na ziemi, Chińczycy tęsknili za światem, gdzie nie ma śmierci, cierpienia, zmagań. Nie tylko wierzono w to, że można dostać się tam po śmierci; chciano przenieść się tam jeszcze za życia. Cesarze wysyłali ekspedycje mające poszukiwać leżących za krańcami map krain, gdzie żyli nieśmiertelni. Zwykli ludzie odkładali pieniądze na zakup koszmarnie drogich napojów (m.in. z pereł i złota), które miały teleportować do szczęśliwych krain nie tylko ich samych, ale i całe ich gospodarstwo, ze świnkami i wołami włącznie (podobno można to też było osiągnąć przez oczyszczające diety oraz ćwiczenia oddechowe). Od paru wieków rozwijała się też koncepcja tłumacząca wszechświat zmaganiem dwóch czynników: Jin i Jang – kobiecości i męskości, zimna i ciepła, ciemności i światła. Teorię pięciu elementów, z których składać ma się świat (drewno, ogień, ziemia, złoto, woda) połączono z pięcioma kolorami, pięcioma mitycznym zwierzętami i pięcioma kierunkami świata (cztery powszechnie znane plus środek) i ukręcono z tego całą koncepcję pozwalającą posegregować cały boży świat i poukładać go w magicznych szufladach (i pieczołowicie wyznaczano np. obowiązujący patronacki kolor każdego władcy, wiodący element jego panowania etc.) Pierwszy z wątków, ucieczki ze świata zanurzonego w cierpieniu, zdaje się jednak dominować w ówczesnym myśleniu i chyba dlatego tak wielką karierę zrobi docierający tu stopniowo od I wieku naszej ery buddyzm.

Chiński cesarz, wybraniec i pomazaniec bogów, żył pięknie, ale życie jego niewolników, a nawet trzymanych na dworze egzotycznych zwierząt, często było dużo lepsze niż poddanych, którzy literalnie od świtu do nocy tyrali przy uprawie prosa czy ryżu i nie w głowie im były jedwabie (tak drogie, że wypłacano w nich czasem urzędnicze pensje; najbardziej ekskluzywny był jedwab gatunku „śnieżna biel”, którego nie można było wystawiać na deszcz ani na światło), ubierali się bowiem w ciuchy z włókien pokrzywy czy konopi, a w okresach częstych klęsk żywiołowych wpadali z biedy w skrajną biedę, stawali się bezdomni, zasilali szeregi żebraków albo schodzili z drogi prawa.

W miastach czasów Guangwu sytuacja wyglądała inaczej: tam rozwijał się sektor usług, handel, rozrywka. Co wybitniejsi przedstawiciele klasy średniej utrzymywali własne domowe orkiestry, tłuszczę cieszyło oglądanie zagranicznych żonglerów czy urządzanie walk kogutów albo wyścigów psów czy koni. Warsztaty tkackie szykowały tkaniny według zamówień klientów (można było zamówić sobie np. odzież całą w życzenia szczęścia albo z wizerunkiem podstawowej monety o wartości 5 *shu*), rządowe fabryki wyrabiały cuda z laku albo warzyły sól czy produkowały rolnicze narzędzia. Rozwarstwienia majątkowe były jednak naprawdę olbrzymie. Bogatsi obywatele nie mieli skrupułów przed przejmowaniem skromnych majątków czy domów tych biedniejszych, w miastach działały całe gangi ówczesnych „czyścicieli kamienic”, a o los najsłabszych nie upominały się żadne media ni rzecznicy.

Filozofowie, co bardziej oświeceni urzędnicy, konfucjańscy ideolodzy państwa mówili to, co od zawsze i pewnie już zawsze mówić będą mądrzy ludzie: pieniądz nie jest wart tego, by rządzić człowiekiem. A jednak w wielu sercach, państwach i wspólnotach rządził, rządzi i będzie rządzić. Doczepiane były i są wszak do niego wszelkie piękne ozdóbki, mające zasłonić ordynarną chciwość: opowieści o budowaniu bezpieczeństwa czy wypłacaniu motywującej premii za kreatywność. Zarówno w Rzymie, jak i Chinach w tamtym czasie w dobrym tonie było gromadzić majątek, ale jednak wewnętrznie nim pogardzać (patrz opisywany już w innym miejscu tej książki przypadek ascety, a zarazem biznesmena, Katona). Może dlatego podczas wykonywania przekopu przez wszystkie starochińskie historie tak ujęła mnie relacja niejakiego Shu Guanga, który otrzymawszy od cesarza trochę złota w prezencie emerytalnym, przeimprezował wszystko z sąsiadami. Rodzina, mając nadzieję, że i jej uda się sztuka znana wielu i dzisiaj: życie z renty dziadka – robiła, zdaje się, fochy, bo Shu Guang wyjaśniał: „Jak mógłbym być tak głupi i nie myśleć o moich potomkach? Mam swoje pola i szałasy, więc jeśli moi potomkowie będą rzetelnie pracować, to im wystarczy, by zdobyli pożywienie i ubranie godne zwyczajnych ludzi. Jeśli zostawiłbym ich z nadwyżką, uczyniłbym ich leniwymi. U wartościowego człowieka bogactwo stępia ambicję. U głupca – wzmacnia głupotę. Poza tym bogactwo jest znienawidzone przez ludzi. A jeśli nie jestem w stanie zmienić na lepsze moralności mych potomków, zabezpieczę ich chociaż przed ludzką niechęcią. Poza tym pieniądze, które teraz wydaję, zostały podarowane przez władcę, który chciał ucieszyć swojego starego sługę. Dlatego jestem szczęśliwy, mogąc cieszyć się tym, co mi dał, z moimi sąsiadami i krewnymi, i tak przeżyć resztę moich dni".

Nasz Guangwu będzie rządził (z punktu widzenia swego kraju) rozsądnie, szajba nie odbije mu aż do samej śmierci. Swoich generałów będzie trzymał z daleka od stanowisk dających realną władzę, wyposaży ich za to sowicie w ziemię, majątki i tytuły. W 43 AD stłumi powstanie bohaterskich sióstr Trung, które postanowiły wyzwolić Wietnam spod chińskiej zależności, i udało im się przejąć kontrolę nad 65 miastami. W Luoyang za 35 lat powstanie pierwsza w Chinach świątynia buddyjska, Świątynia Białego Konia. W 97 AD chiński generał i dyplomata Ban Chao wyśle stąd swojego podkomendnego, Gan Chao, z misją do Rzymu. Ten dotrze jednak tylko do Zatoki Perskiej (dalej nie puścili go Partowie) i przywiezie z powrotem to, co usłyszał od marynarzy w tamtejszych portach. Owe osobowe źródła informacji zeznały mu między innymi, że Rzymianie są wysocy, uczciwi, sprawnie wymieniają władców (mieszkających w pięciu pałacach z kolumnami z kryształu), noszą piękne ciuchy robione z „wodnej owcy" oraz że niełatwo do nich dostać się lądem, drogi bronią bowiem lwy i wściekłe tygrysy (Rzymianie z kolei wiedzieli – również od pośredników – o Chińczykach tyle, że są ateistami, żyją ponad dwieście lat, zajmują się zdrapywaniem jedwabiu z drzew, mają niebieskie oczy i nigdy nie rozmawiają z obcymi). Ban Chao ustanowi Luoyang oficjalnym punktem startowym Jedwabnego Szlaku. W 166 roku naszej ery dotrze tu pierwsza rzymska misja, wysłana z dworu Marka Aureliusza (posłowie nie pojadą jednak 7000 km lądem, a dopłyną do Wietnamu, pokonując 12000 km, i dopiero tu przesiądą się na wozy).

24 września 189 roku naszej ery Luoyang zostanie spalone przez zorganizowane przez taoistów powstania Żółtych Turbanów i Drogi Pięciu Miar Ryżu. Gwardia pałacowa urządzi rzeź eunuchów, do głosu dojdą wojskowi i lokalna arystokracja. Dynastia Han upadnie w 220 roku naszej ery, cesarstwo w 1911 roku; Chińska Republika Ludowa, która zastąpi je po zwycięstwie komunistów nad Kuomintangiem w 1949 roku, trwa do dzisiaj.

W Luoyang mieszka dziś 6,5 mln ludzi, miasto słynie jeszcze z *shuixi* – tradycyjnego posiłku składającego się z ośmiu dań zimnych i 16 ciepłych, podawanych w miseczkach, warzyw i mięs uwarzonych w różnych sosach i sokach. Hoduje się tu peonie.

Rozdział IV

Apoloniusz z Tiany.
Miś na miarę
naszych możliwości.

Apoloniusz z Tiany ma dziś dopiero 15 lat. Dożyje ultrasędziwego jak na tamte czasy wieku 85 lat. Umrze prawdopodobnie w Efezie, otoczony troskliwą opieką przez dwie niewolnice. Inne podanie o jego śmierci mówi, że po prostu zniknął wewnątrz świątyni Ateny na Rodos. Jeszcze inni zarzekają się, że widzieli, jak wszedł, ale już nie wyszedł ze świątyni Artemidy na Krecie. A agresywne psy, pełniące rolę ochroniarzy wyposażonego w olbrzymie skarby przybytku, łasiły się do niego jak do znajomego. Niewidoczny chór dziewic zaś przynaglał go: „Opuść ziemię i wejdź do nieba!". Wow.

Dziś młodzieniec dopiero zaczyna swoją przygodę z tym, co wypełni jego życie i sprawi, że stanie się jednym z największych celebrytów swoich czasów. W I w. naszej ery od Rzymu po Bliski Wschód będzie traktowany jak skrzyżowanie Dalajlamy z Januszem L. Wiśniewskim, księdzem Bashobora i Robertem Lewandowskim. Stanie się filozofem, przez wielu uznawany będzie za cudotwórcę i proroka – przez innych za szarlatana i ogłupiacza ludzkości. Przede wszystkim jednak posiądzie nieczęsty dar skutecznego skupiania ludzkiej uwagi na rzeczach innych niż materialne. Jego egzotycznym, wschodnim sznytem (w poszukiwaniu mądrości podróżował będzie do indyjskich braminów, wpadnie też z dłuższą wizytą do żyjących na terenie dzisiejszej Etiopii i Egiptu gymnosofistów, nagich mędrców, którzy uczyli, jak pożegnać się z życiem i nadal żyć, nie żyjąc) zachwycać się będą rzymskie matrony spragnione czegoś więcej niż tylko kolejnych ozdobnych spinek i jurnych niewolników.

Apoloniusz szybko rozpozna potrzeby duchowego rynku przełomu er w rzymskim imperium, bardzo podobne do tych naszych, gdy ludzie nie utracili wiary, ale często mają dość Kościoła. Wtedy ludzie wierzyli w bogów (coraz liczniejszych – gdy Rzymianie przyłączali jakąś kolejną prowincję, po prostu dopisywali tamtejsze bóstwa do oficjalnego spisu bóstw cesarstwa), ale byli zmęczeni formalizmem kultu i poczuciem, że relacja człowiek – bóstwo nie jest jasna. Bogowie, ujmując rzecz w wielkim uproszczeniu, niby troszczą się o ludzi, ale więcej danych mogłoby wskazywać, że jednak mają ich w nosie.

Apoloniusz przyrządza im więc lekkostrawny koktajl zaspokajający głód intelektualnych pretensji, wrzucając doń elementy filozofii pitagorejskiej i gnostyckiej, dodając odrobinę egzotycznych przypraw rodem ze Wschodu, nade wszystko zaś miksuje to z troską: Apoloniusz troszczy się o wszystkich, od cesarzy i losu państwa, przez napotkanych chorych, aż po zwierzęta. Z autentycznym szacunkiem czyta się, z jakim podziwem opisuje zwyczaje naszych braci mniejszych, ze szczególnym uwzględnieniem słoni, i zabrania zadawać im niepotrzebnego bólu, a podczas gdy inni zarzynają na ofiarę tony zwierząt, on składa ofiary z placków.

Jest otwarty, tolerancyjny, promuje inkulturację i wielokulturowość. Odbywa dalekie podróże misyjne, restytuując zaniedbane kulty. Przepowiada ludziom przyszłość (z trzydniowym wyprzedzeniem zapowiada np. walnięcie pioruna w kielich cesarza Nerona, niestety nieskuteczne, czyni to frazą przypominającą góralskie prognozy pogody: „Coś wielkiego się stanie albo się nie stanie"). Leczy chorych. Wskrzesza umarłych, np. młodą rzymską arystokratkę, która padła bez czucia w dniu ślubu (biograf zaznacza lojalnie, że tego dnia w mieście mżyło, a nad ustami rzekomej denatki unosiła się mgiełka, więc nie można rozstrzygnąć, czy doszło do uzdrowienia, czy raczej do wskrzeszenia). Udziela nauk moralnych. Młodemu filozofowi Menipposowi dowodzi, że jego cudowna fenicka narzeczona, która omamiła go wizją zmysłowego życia, jest w istocie upiorem. Widząc zdążające ku niemu poselstwo Spartan, którzy wyglądają jednak nie spartańsko, a raczej metroseksualnie, natychmiast wystosowuje list do władz miasta, domagając się usunięcia z miejskich łaźni departamentów depilacji (robiono to wówczas przy użyciu gorącej smoły oraz niewolnic) oraz wzmożenia ćwiczeń gimnastycznych. Prośba zostaje spełniona i Sparta porzuca drogę lansu, stając się znów ośrodkiem surowej, niczym oblicze Roberta Burneiki, powściągliwości i tężyzny.

To wszystko jest bardzo piękne, kłopot z Apoloniuszem jest tylko jeden: nie wiadomo, kim tak naprawdę był. Istnieje przypuszczenie, że jego CV mocno podkoloryzowali (a miejscami nawet stworzyli) biografowie, ze specjalnym uwzględnieniem Flawiusza Filostratosa, który poświęcił mu biografię tak napakowaną sensacyjkami i opisami przygód, że wciąga się to jednym tchem do poduszki. Filostratos swoje dzieło pisał z górą sto lat po śmierci Apoloniusza, na zamówienie rzymskiej cesarzowej, Julii Domny, żony Septymiusza Sewera, z pochodzenia Syryjki, filozofki i zapamiętałej miłośniczki egzotycznych idei (jej tatuś był kapłanem syryjskiego boga słońca, Elah Gabala; siostrzeniec Julii, arcykapłan tego kultu, zostanie w 218 roku naszej ery cesarzem o imieniu Heliogabal i przejdzie do historii jako jeden z największych świrów na tym i tak przecież wyjątkowo nieodpornym na psychopatów tronie).

Nietrudno się domyślić, że wraz z pojawieniem się chrześcijan na rzymskim rynku, aż kipiącym od wszystkich możliwych krajowych i importowanych religii, niektórzy zaraz zaczęli pytać: po co nam jakiś Chrystus, skoro mamy naszego Apoloniusza? W środowiskach programowo niechętnych chrześcijaństwu konfrontowanie obu postaci stało się argumentem kluczowym – z Apoloniusza zrobiono zbawcę ludzkości na ludzką miarę, bez całej rewolucyjnej otoczki, jaką przynosił ze sobą Nauczyciel z Galilei. Po co iść w jakieś ekstrema, porywać się na duchowe Himalaje, skoro można mieć mesjasza kieszonkowego, takiego, który nie wymaga, by iść za Nim w nieuchronne kłopoty, pozwala ci zostać tu, gdzie jesteś? Uwalnia ludzi od dolegliwości, nie zapowiadając im przy tym krzyża. Możesz skorzystać z jego dobroczynnych usług i mądrości, ale nie musisz budować z nim relacji. Objazdowy kiosk z cudami i dobrymi radami, który dziś jest tu, jutro jedzie tam, czyści ci duszę, nie przerywając jej snu. Po co ci Bóg, skoro łatwiej mieć dobrego człowieka?

W III wieku Porfiriusz z Tyru napisał przyjemne dziełko „Przeciwko chrześcijanom", wykazując w nim wyższość Apoloniusza nad Jezusem. Podobne dzieło (pt. „Miłośnik prawdy") popełnił cesarski zarządca Egiptu, Sossianus Hierokles, przekonując, że chociaż obaj panowie czynili cuda (zdaniem Hieroklesa – Apoloniusz dużo większe), to fani Apoloniusza mieli w sobie choć tę odrobinę rozsądku, że mimo nich nie uznali swojego mistrza za Boga i nie stali się w ten sposób bałwochwalcami. Porfiriusz (o czym można przekonać się, czytając zachowane fragmenty jego tekstu; oryginał liczył piętnaście tomów) naprawdę nieźle daje do wiwatu, wyszukując w Ewangeliach najmniejsze nieścisłości i zadając pytania, które i dziś cisną się na usta wielu mającym na pieńku z chrześcijaństwem (np. dlaczego to niestabilny i porywczy Piotr został „szefem" apostołów, dlaczego Jezus raz mówi, by nie bać się tych, co zabijają ciało, a gdy Go chcą zabić – modli się, by go to ominęło, i poci się krwawym potem ze strachu, dlaczego Jezus, wpędzając demony w stado świń, uratował życie opętanym, ale zniszczył je tym, którzy byli pasterzami i właścicielami stada itp. itd. etc.).

Dzieło Hieroklesa ma dodatkowy kontekst. To prawdopodobnie on był jednym z głównych ideologów ostatniego wielkiego prześladowania chrześcijan w Rzymie, jakie zorganizował na samym początku IV wieku jego szef, cesarz Dioklecjan, i które mocno odcisnęło się na życiu wcale już nie tak małej wspólnoty (liczbę wyznawców Jezusa w tym czasie szacuje się na około 6 milionów ludzi, około 10 procent ludności imperium). Chwilę później ich sytuację diametralnie zmienił edykt cesarza Konstantyna, który z kolei ogłosił chrześcijaństwo religią państwową.

Ten ostatni podryg środowiska wiernych rzymskiej tradycji filozofów i pisarzy, szczujących władcę na „Galilejczyków", wcale przecież się nie skończył. Imperium już nie ma, Galilejczyk zwyciężył, o Apoloniuszu z Tiany, którego rzutem na taśmę próbowano wykreować na humanistycznego kontrmesjasza, słyszeli chyba tylko niektórzy studenci filologii klasycznej i entuzjaści epoki. Pytania wciąż padają jednak te same: jak wierzyć, że człowiek jest Bogiem? Jak wierzyć, że rzeczywiście chce dobra swoich ludzi, skoro po zmartwychwstaniu nie ukazał się tym, którzy mogli powstrzymać ich prześladowania (nie niegramotnym rybakom, a królom i cesarzom)? Co przyjdzie człowiekowi z wyzbycia się majątku, skoro żebrząc o utrzymanie, będzie pozbawiał go innych? Czy naprawdę nie wystarczy starać się żyć dobrze? Po co te wszystkie obrządki, religie, pośrednicy zmieniający często dramat w komedię?

Tak jak dwa tysiące lat temu, tak i za pięć tysięcy lat nie znajdzie na nie odpowiedzi nikt, kto nie zorientuje się, że stwierdzenie Jezusa: „Ja jestem bramą" to nie eksplozja poetyckiego talentu Zbawcy, a rzetelna instrukcja. Chrystusa jest w stanie zrozumieć tylko ten, kto spotka Go osobiście. Chrystus nie jest ideą do ogarnięcia przez spekulujący umysł. Możesz wejść z Nim w spór, możesz od Niego odejść, możesz z Nim iść – ale dopóki nie potraktujesz Go jak osoby, z którą siadasz do rozmowy – życie i sposób myślenia tych, co za tą bramą, z pewnością będzie wydawać ci się absurdem. Czy więc Apoloniusz był propagandową wydmuszką, napompowanym przez ideologów epigonem przemijającego rzymskiego świata, zwykłym magiem – hochsztaplerem, a może kimś w rodzaju dzisiejszego coacha, jeżdżącego z konferencji na konferencję i pokazującego, jak paroma prostymi trikami zwiększyć sprzedaż o dwa miliony procent? Nie wiem.

Mamy więc rok 30. Apoloniusz, jako się rzekło, zaczyna szesnasty rok życia i wtedy to – według Filostratosa – owo wyjątkowe dziecko, którego przyjście na świat poprzedziło zwiastowanie przez boga Proteusza (syna Posejdona), postanowiło zostać pitagorejczykiem. Pitagoras (żyjący pół tysiąclecia wcześniej) nam kojarzy się wyłącznie z twierdzeniem dotyczącym trójkąta prostokątnego (Pitagoras miał się tak ucieszyć swoim odkryciem, że z radości złożył bogom w ofierze wołu z ciasta pszennego – donosi Porfiriusz). Oprócz bycia matematykiem i prekursorem muzykoterapii, był on też założycielem szkoły filozoficznej, hermetycznej i promującej wysokie (według naszych miar) standardy moralności: monogamię w ramach małżeństwa, codzienny rachunek sumienia, słowność, umiarkowanie (to Pitagoras miał być autorem stwierdzenia, że „zamiast uprawiać seks, lepiej jeść fasolę"). Przekonywał też, że dopóki ludzie będą zabijali zwierzęta, dopóty będą się też tłukli między sobą (a parę konfliktów, jakie jego ziomkowie mieli z agresywnymi albo wyżerającymi plony zwierzętami, Pitagoras rozwiązał, okazując stworzeniom łagodność, karmiąc plackami, a nawet szepcząc coś w ich języku do ucha). Każdy, kto chciał zostać uczniem Pitagorasa, musiał znieść najpierw trzyletni okres programowego olewania przez mistrza i jego wspólnotę, a później przez pięć lat milczeć (w myśl pitagorejskiej zasady, że „kto mówi – sieje, kto słucha – zbiera") i wyzbyć się na ten czas prawa do własności prywatnej (swoją drogą, co za inspirujące, fascynujące połączenie: bardzo zaawansowane w pitagoreizmie studia nad dźwiękami, muzyką – będącą wyrazem ludzkiej duszy i sposobem jej formowania – oraz praktykowanie ciszy). Apoloniusz też miał poddać się takiej próbie.

Zapytany przez kogoś, dlaczego nic nie pisze, będąc człowiekiem tak sławnym i mając taką swobodę wypowiedzi, odpowiedział: „Ponieważ jeszcze nie zamilkłem". Przez resztę życia wydawał te słowa, które w ciągu tych pięciu lat zarobił. Jeśli nie może być czymś innym, niech chociaż będzie lekcją dla tych, co mówią na kredyt.

Rozdział V

Pochwycona
na cudzołóstwie.
Gdy masz na imię: Lęk.

Te cztery wersy z ósmego rozdziału Ewangelii Jana rozpalają wyobraźnię niezmiennie od prawie dwóch tysięcy lat, gdy miało miejsce opisywane w nich spotkanie. Sytuacja wygląda tak: Jezus przyszedł z Galilei do Jerozolimy na Święto Namiotów (jedno z największych świąt w żydowskim kalendarzu). Przy tej okazji nauczał gromadzące się wokół niego w świątyni tłumy. Funkcjonariusze aparatu religijnego, obserwując to – dostawali szału, widząc w Nauczycielu z Nazaretu zagrożenie dla swojego autorytetu, ale przede wszystkim dla integralności i powagi prawd i wartości, za których stróżów się uważali. Dyskutują nad tym, czy Jezusa zaaresztować czy ośmieszyć, w końcu decydują się na całkiem sprytne zagranie. Gdy po nocy spędzonej na Górze Oliwnej Pan wraca z samego rana do świątyni, by nadal opowiadać wszystkim chętnym o królestwie Bożym, faryzeusze i zawodowi roztłumaczacze Pisma przyprowadzają kobietę i stwierdzają, że „dopiero co pochwycono ją na cudzołóstwie". Gną się w pas, każde słowo panierują w wazelinie i uprzejmie pytają: „Mojżesz polecił nam w Prawie, aby takie kobiety kamienować. A jakie jest twoje zdanie?”. Przemyślna, wielopiętrowa pułapka.

Bo tak: jeśli Jezus powie: „Super, kamienujmy!” – po pierwsze uzna tym samym swoją podległość autorytetowi faryzeuszy, straci część autonomii. Po drugie: sprzeniewierzy się temu, co sam mówi o Bogu nieodrzucającym grzeszników. Po trzecie: rzymski okupant zastrzegł sobie zasądzanie i wykonywanie kary śmierci; ktoś, kto zacząłby więc kamienować, zostałby uznany za buntownika i mógł zostać natychmiast skazany przez Piłata na śmierć za niesubordynację. Po czwarte: kamienując cudzołożnicę, może zostać uznany za prowokatora w stosunku do króla Galilei Heroda Antypasa, którego cudzołożnym związkiem żyła cała ówczesna opinia publiczna (i gorąco krytykował go za to święty Jan, za co w końcu został ścięty).

Jeśli z kolei Pan powie: „Dajcie spokój, koledzy, nie kamienujmy” – czy w takim razie nie okaże, że chce zbrukać prawo Mojżesza i fundamentalną naukę o małżeństwie (a jej podważenie byłoby zamachem nie tylko na słowa Jahwe, ale i na los całego narodu, o czym szerzej za chwilę)? Podważy też nauczanie Jana Chrzciciela. I sam może zostać natychmiast ukamienowany (bo taką właśnie karę Prawo przewidywało dla odstępców od wiary).

Jezus omija tę drogową blokadę po mistrzowsku, górą. Z ciekawego prawniczego casusu robi *human story*. Zmienia obsadę opowieści, główną rolę w miejsce paragrafów zaczyna w niej grać podsądna, traktowana przez swoich oskarżycieli jak przedmiot, jak broń, która posłuży im do zabicia Jezusa. Kim był ta kobieta? Nie za bardzo mamy o tym pojęcie. Tekst mówi, że dopuściła się cudzołóstwa. Co to znaczy? Też nie wiemy.

Faryzeusze z kolegami powołują się na Prawo, a prawo żydowskie w sprawie pozamałżeńskich stosunków płciowych było drastyczne, nie tylko ze względu na rozpowszechnioną w literaturze Starego Testamentu wizję, że relacja męża z żoną jest odbiciem relacji, jaką ze swoim ludem wybranym ma Jahwe (a więc cudzołóstwo było bratem świętokradztwa). W tamtych czasach, w których nie myślano wiele o zaświatach, a celem i sensem było uzyskanie błogosławieństwa, by jak najbardziej syte było życie tu, na ziemi, rzeczą absolutnie kluczową było posiadanie potomstwa. Kobieta, która miała seks z mężczyzną innym niż jej mąż, mogła urodzić nie jego dziecko, zaburzyć proces podbijania przezeń świata, czystość jego krwi. Taką kobietę należało więc zabić. Co z facetem? Jeśli współżył z zamężną kobietą – jego też należało zabić, jednak nie dlatego, że ją skrzywdził, bardziej z tego powodu, że dokonał zamachu na przestrzeń własności innego mężczyzny. A jeśli współżył z niemężatką? Zależy. Przestępstwo zagrożone śmiercią popełniał, tylko jeśli wszedł innemu facetowi w małżeńską szkodę, w innym przypadku uznawano to nie za cudzołóstwo, a za rozpustę.

Filozofię tę dobrze oddaje nakaz polecający, co powinien zrobić gość przyłapany na seksie z dziewicą. Otóż musiał za karę natychmiast się z nią ożenić (bo kto by ją chciał, taką popsutą, poza tym – jaki facet chciałby później wychowywać nie swoje ewentualne dziecko) oraz zapłacić sowite odszkodowanie ojcu dziewczyny. Interesująco rozwiązano detaliczną kwestię gwałtu na dziewczynie zaręczonej (w większości przypadków były to wówczas pewnie dwunasto-, trzynasto-, czternastolatki). Jeśli gwałt dokonał się w mieście – kamienowanie przysługiwało obojgu zainteresowanym stronom. Jeśli poza miastem – wyłącznie facetowi, gdyż uznawano, że w warunkach polowych mogło być tak, że nikt nie słyszał wołania dziewczyny o pomoc.

Badacze są w miarę zgodni co do tego, że owe makabryczne przepisy (nie ma się co zżymać i wymądrzać, takie były czasy, nasi właśni przodkowie w tamtej epoce mogli być jeszcze bardziej okrutni) były jednak raczej wskazaniem na normę, na ideał, niż przedmiotem rzeczywistej praktyki sądowniczo-egzekucyjnej. Te dwa tysiące lat temu w Izraelu za cudzołóstwo raczej nie zabijano (a jeśli już takie przypadki się zdarzały – mordowano raczej przez uduszenie, co traktowano jako łagodniejszą formę kary). Dlaczego więc panowie starsi przyczepili się do tej kobiety i na jakiej podstawie? No i przede wszystkim – gdzie jest facet?! Cudzołóstwo samo się nie popełnia. I nawet jeśli dziewczyna milczała na temat współsprawcy, to przecież – jeśli do czegoś takiego doszło – do sądu powinno zgłosić się dwóch naocznych świadków (zabezpieczenie przed zmyślaniem historii, niedoskonałe, fakt, ale tu nawet i jego nie ma), i to oni powinni pierwsi zacząć rzucać kamieniami. To był test wiarygodności ich zeznań. Gdyby później miało się okazać, że kłamali, sami mogli zostać za to zabici przez bliskich tych, których zadenuncjowali.

Można przyjąć więc interpretację feministyczną, sugerującą, że faceta nie było, bo w ogóle za takie rzeczy karano tylko kobiety. Można też jednak założyć, że sprawa od początku wygląda więc na raczej dętą. Oskarżenie opiera się tu wyłącznie na tym, kim są oskarżyciele. Ponieważ oni mówią, że ta dziewczyna winna jest śmierci, to wystarczy, by pozbawić ją życia. Co ona musiała czuć – potraktowana jak przedmiot, przyciągnięta na to miejsce jak mebel, niemogąca się bronić. Nawet jeśli była winna, to przecież – jako się rzekło – nie zrobiła tego sama, a teraz nie ma z kim podzielić swojej winy. Może była żoną znajomego znajomego, który w ten sposób chciał się za coś na niej zemścić? Może miała 15 lat i była ofiarą gwałtu, może 35 i po prostu miała romans, może 45 i została po prostu fałszywie oskarżona? Każdy życiorys, w jaki będziemy próbowali ją ubrać, utkany będzie wyłącznie ze spekulacji. Jednego możemy jednak być pewni: że jej imię w tym konkretnym momencie brzmiało: Lęk. Sama w tłumie nakręconych religijną obsesją facetów. Jeszcze przed chwilą, przed paroma godzinami, może wczoraj, była człowiekiem: Marią, Sarą, Salome. Dziś – odczłowieczono ją i zmieniono w nabój, którym ustrzelony ma zostać jakiś nieznany jej nauczyciel w politycznym pojedynku. To może być ten dzień, ostatni dzień w jej życiu. Czy to będzie bolało? Czy to koniec drogi, czy tylko zakręt na niej? Spojrzenie na własne życie z perspektywy swojej śmierci to najlepsze znane mi, dostępne *ad hoc*, rekolekcje. Gdy jednak przyjdzie ten moment – nie ma już przemyśleń, mądrych słów, jest wielka ściana i lęk: gdzie (i czy) w niej są drzwi?

Co w obliczu tego przerażającego lęku robi Jezus? Rzuca się na ratunek, wytacza retoryczny oręż przeciwko faryzeuszom, uniewinnia kobietę? Nie, on robi rzecz najdziwniejszą z dziwnych. „Jezus tymczasem pochylił się i pisał palcem po ziemi". No i tu się zaczyna zabawa. Bo po pierwsze – jak Jezus mógł pisać cokolwiek „palcem po ziemi", skoro w świątyni (a tu dzieje się akcja) nie było ziemi, tylko kamienne płyty? Po drugie – czy Jezus w ogóle umiał pisać? Że umiał czytać – wynikałoby z fragmentów Ewangelii, w których Jezus czyta w synagogach fragmenty Pisma i je zgromadzonym objaśnia. Ale umiejętność czytania i pisania to jednak dwie różne sprawy, a w ówczesnej Palestynie nie było podstawówek, w których ktoś pochodzący z klasy społecznej Nauczyciela (był On synem rzemieślnika) mógł posiąść te dwie umiejętności. Szacuje się, że w tamtych czasach w zupełnym analfabetyzmie żyło ok. 90 procent populacji. Ludzie uczyli się tylko tego, co rzeczywiście było im w życiu potrzebne (np. rzemieślnicy – cyfr, kalkulacji, podpisywania się, formułowania umów). Poza tym – jeśli nawet Jezus umiał i czytać, i pisać (w końcu umiał on również wiele innych rzeczy, których jego współcześni jakoś nie umieli), to jakimi językami w piśmie operował spośród trzech (aramejski, hebrajski, greka) wówczas w Jego stronach obowiązujących (mówił najpewniej po aramejsku)? Ileż później w literaturze napłodzono konceptów, co Jezus mógł wtedy owym palcem na ziemi wypisywać! Święty Ambroży miał pewność(!), że Pan kreślił tam cytaty z proroka Jeremiasza, inni przywoływali inne księgi biblijne, jeszcze inni twierdzili, że to analogia z palcem Bożym piszącym na tablicach przykazania Dekalogu, albo że Jezus najpierw zapisał pięć pierwszych przykazań, a później drugie pięć. Inni – że Jezus zgodnie z zasadami prawa rzymskiego najpierw spisywał sobie sentencję wyroku na faryzeuszów, by później im go odczytać.

A może nie pisał nic dla sprawy istotnego, bo przecież jeśli by tak było, Ewangelia z pewnością doniosłaby nam, co to był za tekst? O tym „pisaniu palcem po ziemi" wspomina dwukrotnie, a więc musiało to być ważne, ale tekstu jednak nie podaje, a więc to nie on powinien grać tu solo na skrzypkach. Może rzecz jest dużo głębsza i warto, by nie umknęła w pogoni za kształtnym cytatem. Może Jezus – pochylając się, podobnie jak zrobi to, myjąc nogi uczniom podczas ostatniej wieczerzy, po prostu chciał złamać narzuconą przez oskarżycieli dynamikę, zatrzymać spiralę przemocy?

Ten fragmencik Ewangelii ma swoją osobną historię; uczeni piszą grube książki, badając, kiedy dokładnie (może w III, może w IV wieku) został dołączony do Ewangelii Jana (na Wschodzie, poza Syrią, długo był nieznany). Nie ma żadnych podstaw, by twierdzić, że opisane w nim wydarzenie nie miało miejsca, po prostu nie zostały nam po tamtych czasach ładnie wydane dzieła zebrane ewangelistów i apostołów – teksty uznane za kanoniczne składano z różnych rękopisów, badano ich wzajemne zależności, pieczołowicie ustalano, kto o nich wie, kto je słyszał i czyta, wszystko po to, by nie stracić niczego z prawdy o ziemskich dniach i działalności Pana. Przez długi czas spora część kościelnych komentatorów obchodziła jednak tych akurat kilka zdań jak pies jeża, bojąc się, że jakieś mniej wprawione oko mogłoby uznać to np. za bagatelizowanie problemu cudzołóstwa (które obok apostazji i morderstwa było jedną z trzech najcięższych zbrodni według nauczania moralnego wczesnego Kościoła). Część, jak święty Augustyn, napisała na ten temat piękne rzeczy, wskazując na niespodziewanie twórcze rozwiązanie napięcia, jakie generują w tej scenie stojący naprzeciw siebie *misera* (słabość, nieszczęście) i *misericordia* (miłosierdzie).

Mnie jednak najbardziej daje chyba do myślenia właśnie niepodjęcie przez Jezusa rzuconej mu przez faryzeuszy piłeczki. Jezus mógł bez trudu odbić ją i wykazać, że oskarżyciele kobiety postępują niezgodnie z prawem, że są cyniczni, mógł wkręcić się w ich narrację, przepytywać podsądną. „Pisanie po ziemi symbolizuje daremność, nietrwałość. Wskazuje, że niekiedy najlepszym działaniem jest jego zaniechanie" – błyskotliwie zauważa tymczasem polska teolożka Elżbieta Adamiak. Matko, jak czasem korci, by sparować cios, by – gdy ktoś gardłuje – zapędzić go retorycznie w kozi róg, pouczyć, wykazać złe intencje, niekompetencję, pobić i zostawić w polu. Wszystko oczywiście – w słusznej sprawie. A gdyby tak go minąć? I sprawdzić, gdzie w tym wszystkim jest człowiek, podejść do niego, zapytać, czego mu trzeba? Czytając ten tekst, mam wrażenie, że od momentu, w którym Jezus po raz pierwszy pochyla się i zaczyna pisać po ziemi, następuje zwolnienie z roli bohaterów tej sceny uczonych i faryzeuszy. Jasne, Jezus wstaje i mówi do nich: „Ten z was, który jest bez grzechu, niech pierwszy rzuci w nią kamieniem", ale nie o nich jest już ta historia. Oni to wiedzą i odchodzą. Na scenie zostają ci, między którymi rozegra się najważniejszy dramat świata: ludzka słabość spotyka miłosiernego Boga.

Jezus w całej tej sytuacji jako jedyny był bez grzechu (oraz na pewno nie miał nic na sumieniu w sprawie tego konkretnego oskarżenia), miał więc prawo rzucić kamieniem, ale nie rzucił. Nie ma chyba (przynajmniej dla mnie) większego znaczenia, czy ta dziewczyna była winna, czy niewinna (ze zdania: „Idź, lecz odtąd już nie grzesz", nie wynika przecież wprost, że do tej pory kobieta rzeczywiście grzeszyła, może po prostu była kolejnym, dotkniętym słabościami człowiekiem z grona tych, których leczył Jezus: paralityków, niewidomych, opętanych). Jezus robi tu to, co Bóg zawsze chce robić z człowiekiem: zamyka przeszłość i otwiera przyszłość. To nie jest spowiedź taką, jaką znamy: nie ma tu ani rachunku sumienia, ani żalu za grzechu, ani pokuty. Jest ekstrakt, esencja: Bóg, który wybacza, jeszcze zanim człowiek zdąży coś powiedzieć albo nawet sobie uświadomić. I człowiek, który z prowadzonego w kajdankach przez moralnych policjantów przedmiotu utopionego w lęku, zmienia się w kogoś, kto może odejść, gdzie chce (i nikt za nim nie poleci).

Wszystko, co ta dziewczyna musiała zrobić, by ta zmiana się dokonała, zamknęło się w jej odpowiedzi na pytanie Jezusa: „Kobieto, gdzie oni są? Nikt cię nie potępił? – Nikt, Panie". Chcesz mieć dostęp do skarbu króla? Uwierz, że on naprawdę jest królem i ten skarb ma. Jak możesz z niego skorzystać, jeśli nie wierzysz nawet, że On jest? I tu jest też kolejna lekcja z tej krótkiej opowieści. Dziewczyna (kobieta) mówi do Jezusa „Panie", po tym jak On zwraca się do niej per „Kobieto". Używa dokładnie tego samego zwrotu, co gdy mówił np. do swojej Matki (w Kanie Galilejskiej) albo do Marii Magdaleny. Czy po takim dialogu można nie przypuszczać, że bohaterka tej sceny – jak sugeruje Adamiak – zasiliła odtąd szeregi Jego uczniów?

Tych kilka wersów naprawdę stało się już tematem niejednej habilitacji, konferencji (a nawet trafiło do teledysku Lady Gagi, która była kamienowana, wykonując utwór *Judas*). Tekst jest tak napakowany symbolicznymi odniesieniami, że aż korci, by pogrążyć się w dociekaniach, tracąc z oczu to najprostsze, co chyba najbardziej bije tu po oczach. *Primo*: nie zawsze odpowiedzią na atak musi być kontratak. *Secundo*: grzech w każdym normalnym człowieku musi budzić obrzydzenie, ale nigdy nie może go budzić człowiek. *Tertio*: człowiek to nie przedmiot, to człowiek.

Rozdział VI

Pierwsi osadnicy na Wyspach Marshalla. Pacyfik to stan umysłu.

Wyspy Marshalla leżą (choć dziś, w dobie zmian klimatycznych, trafniejsze byłoby określenie – toną) na dalekim Pacyfiku, mniej więcej w połowie drogi między Australią i Hawajami. To obecnie niepodległe państwo, stowarzyszone z USA. Mieszka tu około 50 tysięcy ludzi, czyli mniej więcej tyle, co w Bełchatowie, a jego łączną powierzchnię dałoby się upchnąć w granicach administracyjnych Dąbrowy Górniczej. To 29 atoli i 5 wysp, z których aż 24 są niezamieszkane. Najbardziej znany jest rzecz jasna atol Bikini, wsławiony nie tylko jako miejsce, od którego wzięła się nazwa najsłynniejszego modelu kostiumu kąpielowego (zaprezentowanego po raz pierwszy w 1946 w Paryżu), ale również jako lokalizacja zbrodniczych testów broni dokonywanych tam między 1946 a 1958 przez USA. Największa eksplozja bomby wodorowej Castle Bravo, odpalonej na atolu 1 marca 1954, zniszczyła piętnaście innych atoli, spowodowała nieodwracalne zmiany w środowisku oraz pozbawiła życia i zdrowia parę tysięcy osób. Związku Radzieckiego, który miał się przestraszyć, to zresztą specjalnie nie zatrwożyło, bo w 1961 odpalił na swoim poligonie w Nowej Ziemi najsilniejszą jak dotąd testowaną bombę na świecie, „car bombę", o mocy trzy razy większej niż ta z Bikini, powodując, rzecz jasna, jeszcze bardziej dramatyczne szkody.

Dlaczego Amerykanie nie zdetonowali sobie owej wodorówki w Milwaukee albo Kentucky? Wiadomo: byłoby absurdem zabijanie elektoratu w tym celu, by dać mu poczucie bezpieczeństwa. Ale zabicie w tym celu paru „dzikusów" z końca świata plus zafundowanie niepełnosprawności paru tysiącom rodzących się ze wszystkimi możliwymi wadami dzieci? Przykazanie pierwsze wielkiej polityki od czasów Hammurabiego do ery Putina: ofiary muszą być. Z powodu odległości poeksplozyjnych dramatów nie będzie dobrze widać, poza tym zapłaci się im wszystkim parę dolarów i będzie po krzyku.

Ludzie zwykli robić bardzo różne rzeczy z końcem znanego sobie świata. Amerykanie jechali tam, by zrobić coś, co zabrudziłoby im ich własne salony (ta zasada sprawdziła się też i wtedy, gdy na naszych pięknych Mazurach zorganizowali miejscóweczkę do torturowania więźniów). Podobnie zdaje się myśleć część mieszkańców mojego obecnego miasta, w którym granica zabudowy wyznacza *limes*, za którym dość dowolnie można wywalać śmieci: od tacek po grillu i butelek po browcu, po wypracowane zestawy wypoczynkowe czy kineskopowe telewizory (bo skoro są raty zero procent na te ledowe

– to na co tu jeszcze czekać). Doskonale pamiętam mój koniec świata z czasów głębokiego dzieciństwa: wielką, pordzewiałą metalową bramę ustawioną nad torami, jakieś czterdzieści kilometrów na wschód od Białegostoku, gdzie kończyła się przebiegająca tuż pod oknami mojego bloku linia kolejowa. Sowiecki w wykonaniu, utrzymaniu i stylistyce łuk triumfalny w miejscu, gdzie kończyła się Polska Rzeczpospolita Ludowa, a zaczynał ciągnący się stąd aż do Sachalina wielki (terytorialnie) Związek Socjalistycznych Republik Radzieckich. W latach 80. ubiegłego wieku siadałem czasem pod tą przedziwną konstrukcją i na kompletnym pustkowiu, w ciszy letniego popołudnia, kontemplowałem nigdy niewidziane, wyłącznie osłuchane na lekcjach geografii, w radiu, wyczytane w gazetach: Syberię, Pacyfik, Japonię. Gdy w latach 90. wyjechałem na emigrację zarobkową do Warszawy, końcem świata stała się dla mnie strefa kontroli paszportów na warszawskim Okęciu. Pamiętam dobrze budki z WOP-istami, a za nimi neony wolnocłowych sklepów. Tu były szczęki na Stadionie Dziesięciolecia i Pałac Kultury, tam był Meksyk, Australia, USA, Chile i Grenlandia.

Tak było, jest i chyba będzie: dla jednego próg jego domu to początek ziemi niczyjej albo wysypiska, dla innego – rzecz bardziej podniecająca niż wszystkie dostępne narkotyki. Fenicjanie, którzy latami tak długo ćwiczyli się w nawigacji po Morzu Śródziemnym, aż opanowali całą północną Afrykę. Mierzący ponad dwa metry Harald Srogi, „ostatni

Wiking", wybrał się na północny Atlantyk, by przekonać się, co dzieje się na granicy świata, „ale krawędź świata, za którą wpada on w przepaść, spowijała taka ciemność, że ledwo udało mu się uciec, zanim został wessany w wielką otchłań". Święty Brendan Żeglarz, który w VI wieku najpierw przez dwadzieścia lat opływał wszystkie wysepki wokół Irlandii, głosząc Ewangelię i zakładając klasztory, a następnie zmontował ekipę parunastu śmiałków, wziął zapasy na czterdzieści dni i ruszył na morze w poszukiwaniu „wysp szczęśliwych", a przy okazji odkrył Azory, Islandię, Grenlandię i – nie można wykluczyć, na tysiąc lat przed Kolumbem – Amerykę.

Historycy badający migracje zwykle wychodzą z założenia, że aby ludzie ruszyli się z jednego miejsca na drugie, musi ich do tego popchnąć jakiś rodzaj deficytu: wojna, niedostatek zasobów, brak przestrzeni do dalszego rozwoju. Bardzo rzadko przez ich naukowe aparaty przedostaje się ktoś, kto wyrusza w drogę nie dlatego, że musi czy powinien, ale dlatego, że po prostu chce poznawać, odkrywać, wędrować. Gdy jeszcze chodzi o jakieś legendarne czy realne jednostki – OK, o nich często czytamy i słyszymy. Ale całe społeczności ufundowane na poznawczym pędzie?

Wróćmy na Wyspy Marshalla, które w czasie, gdy w Jerozolimie Jezus naucza w świątyni i wędruje po piaszczystych drogach Galilei, są właśnie świadkami czegoś, co zmieni ich los na zawsze. Na dziewiczym od tysiącleci, nieniepokojonym niczym poza tropikalnymi sztormami horyzoncie, pojawia się kilka małych punktów, które stopniowo nabierają kształtów regularnej flotylli składającej się z kilku statków, przypominających skrzyżowanie *canoe*, katamaranu i żaglowca. Wiedza doskonalona przez tysiąclecia metodą prób, błędów i cierpliwego gromadzenia danych o pogodzie, żeglarstwie i konstrukcji jednostek pływających doprowadziła przedstawicieli pochodzącej z okolic południowej Azji i kontynentu australijsko-papuaskiego (w starożytności te dwie wyspy dzięki niskiemu stanowi mórz były połączone) austronezyjskiej kultury Lapita (nazywanej tak od miejsca, gdzie znaleziono wytwarzaną przez nie ceramikę) do punktu, w którym jest ona w stanie podejmować wyprawy morskie na odległość wielu setek kilometrów. Na każdej z takich łodzi może spokojnie zmieścić się kilkadziesiąt osób i setki kilogramów ładunku (wiele lat później żeglarze z Europy relacjonowali, że ich tutejsi koledzy po żaglu mają statki trzydziestometrowe, zdolne zabrać i stu pasażerów łącznie z kilkoma tonami ładunku). Wystarczy, by po dotarciu na nowe wyspy utrzymać się do momentu, gdy uda się ujarzmić miejscową ziemię, spłodzić potomstwo, zabezpieczyć ciągłość osadnictwa na kolejne pokolenia.

Skąd wzięli się żeglarze dopływający teraz do plaż Wysp Marshalla? Prawdopodobnie przypłynęli z południa, z Kiribati (po angielsku wymawia się to „Kiribas"), które udało im się zasiedlić jakieś dwieście lat wcześniej. Z Wysp Marshalla popłyną na Zachód, na Karoliny. Czy wyspy i atole, na które teraz docierają, są bezludne? Niepodobna ustalić. Na wspomnianym już atolu Bikini znaleziono ślady ludzkiej obecności datowane mniej więcej na czasy między Abrahamem i Mojżeszem. Czy pochodziły od jakichś osadników, którym udało się tu dotrzeć z kierunku zachodniego, z zamieszkałych już 3 tys. lat przed naszą erą Marianów? Na razie jedynie Pan Bóg raczy to, zdaje się, wiedzieć. Być może byli tam, ale nie udało im się przetrwać. Być może byli na chwilę i wrócili do siebie.

Zaginięcie samolotu malezyjskich linii lotniczych, który w 2014 roku, lecąc z Kuala Lumpur do Pekinu, prawdopodobnie zawrócił, wpadł do oceanu, przypomniało wszystkim, że więcej wiemy o Marsie niż o Oceanie Spokojnym. Do końca życia wspominał będę (opisaną już w „Last minute. 24 godziny chrześcijaństwa na świecie) wyprawę, jaką odbyłem na wyspy Ninigo na morzu Bismarcka, gdzie pracuje Polka tłumacząca Pismo Święte na jeden z lokalnych, papuaskich języków. Tych kilkanaście osób z całego świata, które przyjechało wówczas na wyspy, by uczestniczyć w uroczystym zamknięciu procedury tłumaczenia i wydawania Nowego Testamentu, było największą grupą gości z zewnątrz, jaka zawitała tam w całej ich historii. Oceania z przyległościami to teren, na który kolonizatorzy dotarli najpóźniej. W górzystych (i naprawdę bardzo trudno dostępnych) rejonach Papui Nowej Gwinei lokalne ludy pierwsze spotkania z białymi „zaliczały" jeszcze w latach 30. i 40. XX wieku. Doskonale pamiętam wieloetapową podróż: małymi samolotami, motorówkami, wreszcie *canoe* – katamaranami, podobnymi pewnie w konstrukcji do tych, których używali tu pierwsi osadnicy. Ci, którzy nas gościli, wybudowali m.in. morskie latryny, do których szło się po tarasie rozciągniętym nad koralowym morzem, a z których aż żal było korzystać, gdy spojrzawszy w dół, widziało się pływający pod sobą cały sklep zoologiczny.

Pamiętam też dobrze wrażenie, które przełożyłem sobie później na teologię, psychologię i generalnie wiedzę o świecie: ziemski raj, podniesiony do kwadratu, łatwo zmienia się w piekło. Mój Boże, jakie to wszystko jest piękne: lazurowe, ciepłe morze, bielutki jak śnieg piasek, zielone krzaczory wszelkich kształtów i rodzajów, upał. Podnieśmy jednak temperaturę morza do trzydziestu paru stopni: smród generowany przez kipiącą przy brzegu wegetację staje się po prostu nieznośny. Spróbuj patrzeć na ów biały piaseczek dłużej niż dwie minuty – poczujesz, jak blask wypala ci oczy. Upał? Przy 45–50 stopniach w cieniu i zbliżającej się do 100 procent wilgotności życie jest ostatnią rzeczą, na jaką ma się ochotę. Zielone zarośla? Zapuść się w nie, czeka tam na ciebie legion stworzeń widzących w tobie głównie danie mięsne, które w zamian za papu chętnie zostawią ci w krwiobiegu dengę, malarię albo zakażenia takie, o jakich tropikalnikom z całego świata jeszcze się nawet nie śniło.

Z tym wszystkim musieli się też, rzecz jasna, zmagać nasi austronezyjscy osadnicy. Dotrzeć na ten czy inny atol to jeszcze pół biedy. Jak jednak uzyskać słodką wodę? Jak zorganizować jakąkolwiek uprawę, podczas gdy spłachetki ziemi nadającej się do uprawy (bananów, trzciny cukrowej, którą „udomowiono" właśnie w Oceanii, jamsu) mają po parę metrów, o ile w ogóle są? Jak nawadniać uprawy? Jak zabezpieczyć hodowlane zwierzęta (świnie, ptactwo) przed chorobami? Jak przeżyć wędrujące przez tę okolicę w tę i z powrotem tajfuny? Jak przechowywać wodę (robiono to m.in. w bambusowych tykwach)? Co zrobić, gdy nie ma co jeść, a do jedzenia została wyłącznie roślina obłożona religijnym tabu (wschodni Polinezyjczycy, postawieni w takiej sytuacji, „zdesakralizowali" po prostu korzeń kordyliny krzewiastej i ogłosili, że od tej pory można go konsumować bez ściągania na siebie z zaświatów strasznych konsekwencji).

Postawieni przed koniecznością radzenia sobie w skrajnych warunkach – wymyślali: stawy (farmy) rybne, irygację, narzędzia. Najciekawszy musiał być jednak ten moment, w którym na jakimś zebraniu społeczności ktoś stwierdzał nagle: a może popłyniemy dalej? Przygotowania zwiadowców, którzy wypływali w morze bez żadnych map, jedynie z zapasem żywności (a gdy zjedli połowę i nadal nic nie znaleźli, zawracali do domu). Biali kolonizatorzy byli autentycznie zszokowani poziomem wiedzy polinezyjskich, melanezyjskich i mikronezyjskich żeglarzy. Bez żadnych uniwersytetów byli oni w stanie wyciągać trafne wnioski nawigacyjne z analizy gwiazd i chmur, subtelnych różnic w temperaturze wody, zachowania ptaków, ba – do oceny, jak daleko są od lądu, byli w stanie używać nawet powonienia. Czy mieli świadomość ryzyka? Musieliby być głupi, by jej nie mieć, a nie byli. Nie mieli, rzecz jasna, naszej kartograficznej świadomości, nie zdawali sobie sprawy, że istnieje coś takiego jak Ocean Spokojny. Gdy wychodzili z domu, widzieli po prostu morze, które było częścią ich świata, tak samo oczywistą jak dla nas las, pole czy droga. To był ich dom, którego nowe kąty wciąż mieli ochotę eksplorować. Bez przedzałożeń, bez marzeń o bajecznych krainach, wielkich skarbach i legendarnych królestwach. Oni nie chcieli znaleźć świętego Graala, oddychali poszukiwaniem.

Historia Oceanii przed przyjściem na świat Chrystusa to losy setek tysięcy ludzi. Przedstawiciele *homo sapiens* już nawet 60 tys lat temu zamieszkiwali obszar od Malezji, Kambodży i Wietnamu po Wyspy Salomona. Z upływem czasu rozwijali swoje umiejętności, przechodzili od zbieractwa i łowiectwa do świadomej uprawy roślin, takich jak taro czy kudzu, udomawiali zwierzęta, w tym psy (ciekawe, że działo się to niezależnie od siebie mniej więcej w tym samym czasie, w odległych od siebie i oczywiście nieskomunikowanych zakątkach świata). Jakieś 4–5 tys. lat temu dominować zaczęli tu jednak właściwi bohaterowie tego rozdziału – wspomniani

Austronezyjczycy, którzy jeszcze parę tysięcy lat wcześniej wyruszyli prawdopodobnie z terenów dzisiejszych południowych Chin i najpierw zajęli Tajwan, później zrekolonizowali Filipiny, Półwysep Malajski, Borneo, Sumatrę i Jawę, w końcu dotarli na dzisiejszą Papuę Nową Gwineę. A później – wciąż jesteśmy parę tysięcy lat przed Chrystusem – na Fidżi, Tonga, Samoa i przekroczyli nieprzekraczalną przez dziesiątki tysięcy lat granicę ludzkiego osadnictwa, Wyspy Salomona. Szokującego rozpędu nabrali (to byli już w zasadzie ich spadkobiercy, Polinezyjczycy) jednak paręset lat po wydarzeniach w Betlejem i Jerozolimie, gdy w IV wieku dotarli na Hawaje, w VIII wieku dopłynęli aż na Wyspę Wielkanocną, w XII wieku skolonizowali Nową Zelandię, rozprzestrzeniając swoją (coraz bardziej się różnicującą ze względu na odległości) kulturę i obecność na obszarze nieporównywalnym z żadnym innym w historii podbojów (i kolonizacji) na świecie.

Czy gdyby apostołowie mieli techniczne możliwości, by zrealizować Jego wskazanie i iść „aż na końce świata", dogadaliby się z ówczesnymi Polinezyjczykami? Choć w naszych, europejskich głowach te okolice budzą zwykle dwa (jedno banalne, a drugie – prymitywne) skojarzenia: rajskie wakacje i dzikusy (najczęściej kanibale), mogłoby się okazać, że taka misja nie byłaby skazana na porażkę. Antropolodzy i etnografowie (z naszym słynnym Bronisławem Malinowskim) upodobali sobie te rejony (choć niektórzy zapłacili za tę miłość życiem, jak młody Michael Rockefeller w 1961 roku, nie ustalono – zjedzony przez krokodyli czy przez przedstawicieli jakiejś archaicznej kultury). Opisy skomplikowanego społecznego rytuału „kula" (polegającego, z grubsza rzecz biorąc, na wymianie dóbr, która służy jednak nie zwiększeniu stanu posiadania, a cementowaniu więzi i rozbudowie społeczności) – są żywcem do przeniesienia choćby w nasze, patologicznie zindywidualizowane czasy. A taki np. koncept czasu, który w wielu polinezyjskich kulturach tożsamy jest raczej z przestrzenią? Albo idea świata, który w języku samoańskim określany jest słowem tłumaczonym na nasze jako „pod niebem"? Funkcjonujące tu dualne koncepcje rozbijające świat na jasność i ciemność, potencjalność i nicość? Skomplikowane mitologie, zaludniające owe niebiosa bytami, które raz ułatwiają, a raz próbują utrudnić ludziom żeglugę, uprawę, życie? Genealogie i dziś sięgające 20–30 pokoleń wstecz? I to wszystko wówczas bez pisma, które dotarło tu około XIX wieku. Rówieśnicy rabbiego z Nazaretu nie znali pewnie wina, twierdz, mieczów, stołów, ale przecież On uczył, że to nie na nich opiera się świat, że jego sensem jest jednak zupełnie co innego.

Pamiętam, jak w bazie tłumaczy Pisma Świętego w Ukarumpa, w papuaskiej prowincji East Highlands, jedna z najbardziej doświadczonych w tym zakresie osób, Koreanka, opowiadała mi, na jakie trudności natrafiają jej koledzy. No bo jak przełożyć „nad śnieg wybieleje", tak by zrozumieli to ludzie, którzy nigdy w życiu nie widzieli śniegu? Albo: „położyła w żłobie" – przecież to enigma dla kogoś, kto nie ma pojęcia, co to żłób. Co zrobili tłumacze? W tekście zostawili „żłób", wyjaśniając jego ideę i konstrukcję opisowo, w przypisie dodali jednak, że chodzi o taką muszlę, z której w wyspiarskiej Papui karmi się zwierzęta. Reakcją czytelników (a raczej słuchaczy) był szok: „Jak to?! Syn Boży w muszli, z której jedzą świnie?!". Być może Jezus musiałby tu opowiadać przypowieści o uprawie bananów, nie winogron, ale co to w istocie zmienia? Dotarcie w ten rejon świata zajęło Jego słowu dobre półtora tysiąca, a miejscami prawie dwa tysiące lat. W piątkowy wieczór roku 30 umierał jednak przecież w Jerozolimie również za nich. Morał? Gdyby ktoś miał taki kłopot, że – choć chce – nie usłyszał jeszcze najważniejszych rzeczy w życiu: uszy do góry. Czasem to zajmuje jakieś dwa tysiące lat, ale w końcu się człowiek doczeka.

Rozdział VII

Moi (82 x pra)dziadkowie.
Pracownik zbrojeniówki.
Hodowca lnu.
Przodek Angeli Merkel.
Człowiek trunkowy.

Od dziecka łapałem się na tym, że bardzo lubiłem zamknąć czasem oczy, tworząc pod powiekami imaginacje pełne rycerzy, zamków i dziewic (zwłaszcza dziewic) oraz kreśląc sylwetki moich bohaterskich prapraprzodków, jak to w przypadku Polaków bywa – zawsze walczących ze złymi, by okazać się najlepszymi z dobrych. Niestety, w mojej rodzinie nigdy nie przywiązywano szczególnej wagi do genealogii, ślad urywa się więc gdzieś w końcu XIX wieku. Wiem o pradziadkach, którzy przed rewolucją mieli pralnię na Newskim Prospekcie w Petersburgu, a później przenieśli się do Wilna. Wiem o innym dziadku, który pochodził z Drohobycza, a rysunku uczył go w szkole Bruno Schulz. Ze strony ojca rodzina też ma niby jakiś herb, a drzewiej, gdy się wszyscy na rodzinnych imprezach popili, pokazywali sobie chętnie na z trudem dzierżonych w ręku mapach lokalizacje nieistniejących rodzinnych zamków.

Skuszony organizowanym paręnaście lat temu programem badań genetycznych, organizowanych przez popularny magazyn podróżniczy, wziąłem w nim udział, mając nadzieję, że dowiem się czegoś więcej o tym, skąd moi przodkowie wzięli się tu, gdzie ja jestem. Rewelacji nie było. Z tego, co pamiętam (papiery zginęły przy kolejnych przeprowadzkach), dowiedziałem się, że zaliczam się do osób z genetyczną haplogrupą R1a, podobnie jak ponad połowa Polaków i mieszkańców europejskiej części Rosji. Co oznacza, że mój osobisty pradziadek wraz z mą osobistą prababunią jeszcze w okolicach roku 4000 przed naszą erą siedzieli na stepach parę tysięcy kilometrów stąd i kombinowali nad konstrukcją broni z brązu oraz udomowieniem konia. Co później pozwoliło im rozlać się w stronę Indii i Iranu oraz dzisiejszej Europy Środkowo-Wschodniej. Są badacze, którzy twierdzą, że wspólny przodek Słowian i Ariów (z haplogrupą R1a-Z645), nasz słowiański Adam, od którego wszyscyśmy się wzięli, żył około 3 tysięcy lat przed naszą erą. Gdzie dokładnie? Nie wiadomo. Naukowcy wciąż z zapałem badają odkrywane tu i ówdzie szczątki, kreśląc mapy możliwych krzyżówek i wędrówek. Ja zaś wkrótce zamierzam powtórzyć sobie wspomniany test, by dzięki mocno rozwiniętej od tamtej pory technologii uzyskać bardziej szczegółowe wyniki, wskazujące, do jakiej z podgrup się zaliczam, w jakiej dokładnie części naszych okolic Europy mam wciągać głęboko powietrze w płuca ze świadomością, że „nasi tu byli". Gdzie jednak byli i czym trudzili się moi dziadkowie w roku 30 naszej ery? Nie mam pojęcia i chyba dowiem się tego dopiero na lepszym ze światów. Jeśli żyli mniej więcej tu, gdzie ja teraz żyję – byli pewnie częścią czegoś, co archeologowie nazywają dziś kulturą przeworską. A może należeli do jednej z kultur bałtyjskich? W okolicach roku 30 naszej ery osady kultury przeworskiej znajdowały się na Dolnym Śląsku, w Wielkopolsce, na północnym Mazowszu i w zachodniej Małopolsce. Na Pomorzu archeolodzy wykopują dziś osady tzw. kultury wielbarskiej. Co ciekawe – wygląda też na to, że są w stanie zidentyfikować te miejsca dzisiejszej Polski, które za czasów Chrystusa pozostawały niezasiedlone (np. tereny wzdłuż biegu Pilicy). Jeśli dziadzio i babcia należeli do kultury przeworskiej – mieli pewnie skromną nieruchomość (najbardziej popularne były półziemianki o powierzchni użytkowej 25–30 m kw.), a babcia być może spinała sobie ciuchy rzymskimi zapinkami, na które moda dotarła na obecne ziemie polskie, zdaniem archeologów, dokładnie w interesującym nas czasie, w okolicach roku 30 naszej ery. Dziadzio, gdy musiał walczyć z życiem, walczył pewnie drewnianą włócznią z metalowym ostrzem i z drewnianą, acz też okutą metalem, tarczą.

Skąd brano metal? Pod tym względem nasi dziadkowie nie zawodzą: z polskiej huty! Po przeniesieniu wehikułem czasu w okolice dzisiejszego Pruszkowa, Błonia czy Milanówka, przekonalibyśmy się pewnie, że w czasach Jezusa zadymienie bywało tu pewnie większe niż w późniejszym o dwa tysiące lat Krakowie lub Pekinie. W okolicy pracowało pełną parą około dwustu minihut (to oznacza tysiące piecowisk), w których metodą dymarkową wytapiało się żelazo z rud darniowych, czyli wykopywanych metodą odkrywkową na łąkach czy bagnach. Jednorazowe, gliniane piece miały szyby wysokości około dwóch metrów, a po napełnieniu ich 200 kilogramami rudy i 24 godzinach procesu były w stanie dać 20–30 kg żelaza każdy. Dzisiejsze Mazowsze to drugie co do wielkości (po świętokrzyskim) centrum metalurgiczne ówczesnej „barbarzyńskiej" Europy.

Jedną z pierwszych gałęzi przemysłu, jakie rozwinęły się na naszych ziemiach, była więc bez wątpienia zbrojeniówka. Jej wyroby sprzedawano następnie potykającym się z Rzymem i z samymi sobą barbarzyńskim plemionom z całego kontynentu. Specjalizacją mazowieckich hutników i kowali były groty, noże, tarcze, siekiery, okucia tarcz, sprzączki do pasów. Właściciele takich fabryczek zarabiali na tym krocie. Każda hutnicza osada to jednak nie tylko dymarki, ale też cała towarzysząca infrastruktura: trzeba wszak jakoś zrobić wapno, dobyć rudę, trzeba wyprodukować węgiel drzewny, zapewnić dostęp do wody. Całą technologię mieszkańcy tych ziem zapożyczyli od Celtów, których zwykło kojarzyć się z dzisiejszą Irlandią czy Brytanią, ale ze czterysta lat przed przyjściem na świat Chrystusa mieszkali oni przecież w okolicach późniejszego Wrocławia i Ślęży, gdzie mieli swoje sanktuarium. Dwieście lat później – również w okolicach późniejszego Kalisza czy na Kujawach. W roku 30 naszej ery Celtowie z tzw.

kultury puchowskiej siedzieli jeszcze prawdopodobnie w okolicach dzisiejszego Żywca oraz nad Sanem. Ich ziomale z tzw. kultury tynieckiej rządzili pod Krakowem! Bili pierwsze na ziemiach polskich monety, wprowadzając doń metalowe narzędzia – rozkręcili rolnictwo, „apgrejdowali" sztukę garncarską, słowem – robili za Richarda Bransona swoich czasów: czego się nie dotknęli, dowodzili, że da się to zrobić prościej i lepiej niż dotychczas.

Siekiery i okucia – OK. Ale czy robiono też u nas miecze? Profesor Andrzej Kokowski sugeruje, że mogła to być historia przewyższająca jednak umiejętności naszych rodzimych wytwórców. I tak jak dziś na świecie podstawowym narzędziem rozstrzygania sporów zbrojnych pozostaje kałasznikow, tak kałasznikowem tamtych czasów były miecze produkcji rzymskiej (wykonane ze skuwanych ze sobą różnych stopów metali). Były elastyczne, trwałe, masowo przemycano je więc z imperium na tereny sąsiednie. Profesor Kokowski twierdzi, że czasem Rzym wysyłał je tam sam, dozbrajając te czy inne grupy, zupełnie tak, jak robią to dziś np. USA czy Rosja, realizując swoje globalne interesy.

Że handlowano z Rzymem, to wiemy bez cienia wątpliwości. Kronikarz Pliniusz wspomina, że (prawdopodobnie w roku 61 lub 62 naszej ery) obecne polskie ziemie odwiedziła wyprawa wysłana do nas przez samego cesarza Nerona. Stojący na jej czele „ekwita" (przedstawiciel stanu niegdyś rycerskiego, a w interesującym nas okresie – głównie biznesowego) wybrał się nad Bałtyk, aby kupić bursztyn i zwiózł go do Rzymu takie ilości, że Neron (jakiż artysta) o mało nie omdlał z zachwytu. Zaraz zaprezentował zdobycze ludowi na igrzyskach i pisał na ten temat wiersze. Ekwita i jego kompania dotarli do nas prawdopodobnie przez Bramę Morawską, lewym brzegiem Odry w stronę Opola, później przez ziemię kaliską i Kujawy dotarli aż nad Zalew Wiślany, do którego wówczas wpadła nasza rzeka matka i to, jak pisze nieodżałowany prof. Aleksander Krawczuk „wieloma odnogami; był to obszar małych wysepek o zmiennych kształtach, oddzielony od samego morza piaszczystą jakby mierzeją czy też półwyspem. Co godne uwagi, znajdowało się tu wówczas sporo zamożnych osad. (...) Importy i monety rzymskie dowodzą, że na wschód od ujścia Wisły biegła przez ziemię elbląską droga handlowa i funkcjonowały tam targowiska". Przed przełomem I i II wieku naszej ery kultura przeworska dziarsko ruszy w puste dotąd tereny. Nie można więc wykluczyć, że ci, co rodzili się w roku 30 naszej ery, złożą swe prochy (z poskręcanymi w harmonijkę mieczami, jak chowano wojów; panie wysyłano na tamten świat z ich utensyliami, głównie krawieckimi – choć np. kultura wielbarska chowała swoje damy z nożykami o funkcjach depilatorów) w okolicach Puław czy nad środkowym Bugiem. Jej rozwój gospodarczy doprowadzi do wykształcania się elit finansowych oraz arystokracji. Jeśli o mnie chodzi – mając do wyboru różne wykopane groby z tamtych czasów, ja za swój mógłbym uznać opisywaną przez profesora Kokowskiego wieczną sypialnię książątka z Gosławic koło Opola, które zmarło między 80 a 120 rokiem naszej ery i którego wyprawkę stanowiły: czerpak do wina, pucharek ze srebra i dwie piękne czarki, okucia od rogów do picia oraz m.in. – kto tęgo pije, ten wie, jak bardzo przydatny bywa to sprzęt – dwa brązowe wiadra.

Wiemy mniej więcej, co robili ludzie mieszkający u nas te dwa tysiące lat temu, pozostaje jeszcze więc tylko pytanie, kim byli? Słowianami (raczej) na pewno nie. Ci pojawią się na ziemiach obecnej Polski pewnie dopiero w V–VI w. naszej ery, gdy zwolni się dla nich miejsce w okolicy (a wędrować będą ze swej kolebki, okolic Dniepru). Najprawdopodobniej był to więc jakiś odłam wschodniogermańskiego ludu Wandalów, wchodzący w skład tzw. Związku Lugijskiego. Owi Wandalowie powędrują za paręset lat na zachód i południe tak skutecznie, że nie dość, że złupią Rzym, zorganizują przymierze z sarmackimi Alanami w Hiszpanii, to jeszcze założą swoje państwo w Afryce, które będzie też miało pod kontrolą Sardynię, Korsykę. Do tego stopnia się rozbisurmanią, że zaczną bawić się też w piratów, aż w końcu spuści im łupnia i zmusi do rozpuszczenia się w tyglu innych ludów Cesarstwo Bizantyńskie. Profesor Krawczuk czyni ważną uwagę à propos mechaniki owej ówczesnej emigracji i uchodźstwa: „Nigdy jednak nie dzieje się tak, by jakieś tereny nawet podczas wielkich wędrówek pustoszały całkowicie. Trudno sobie wyobrazić, że w pewnym momencie całe plemię rusza gdzieś daleko – na wozach, konno, pieszo – pozostawiając w dawnych siedzibach tylko groby przodków. Najczęściej wędrowali w obce strony młodzi mężczyźni oraz ich kobiety. Ludzie starsi i słabi pozostawali na miejscu. Uprawiali ziemię, choć na zmniejszonym areale, podtrzymywali pewne tradycje; a także, ustępując i ulegając nowym przybyszom, mieszali się z nimi. Mogli więc przekazywać nie tylko niektóre nazwy miejscowe, zwłaszcza rzek i potoków (co można udowodnić), ale też i swe geny". Czy w krakowiakach jest więc coś z wprawnie zajmujących się biciem monet i raczej oszczędnych Celtów? Czy w warszawiakach drzemie, a w wieczory wielkich meczów na Łazienkowskiej i Konwiktorskiej budzi się wandalska dusza? Każdy niech odpowie sam, mnie zaś sumienie nakazuje zadbać jeszcze o stan wiedzy tak bardzo wysoko przeze mnie cenionych mieszkańców polskiego Wybrzeża.

Otóż jeśli ktoś pochodzi z Pomorza i okazać by się miało, że jego rodzina (albo część jej genów) nie rusza się stamtąd od dwóch tysięcy lat, temu wypomnieć należy pochodzenie raczej gockie (kultura wielbarska takiej właśnie była proweniencji). W tych fascynujących czasach Skandynawia i nasze Pomorze mieszały się ze sobą non stop, Bałtyk był morzem w wysokim stopniu żeglownym. Proszę sobie tylko wyobrazić, że już około 5 roku naszej ery dotarła tam inna rzymska ekspedycja, która później z przejęciem opisywała północne krainy leżące pod śniegiem. Dziś – jeśli naprawdę lądowali na naszych plażach – relacjonowaliby pewnie swoim ziomkom, że tutejsi to lud, który swój odmierza czas, przed szóstą rano wykładając na plaży ręczniki, a od ósmej stawiając parawany.

A jeśli przyjąć kryterium etniczne, nie geograficzne i uznać, że moi protoplaści przyszli tu wraz z ziomami – Słowianami? To znaczy, że pewnie w interesującym nas, Jezusowym czasie, babcia z dziadziem siedzieli gdzieś na północ od Kijowa, wchodząc w skład wiązanej z tzw. „etnosem słowiańskim" kultury kijowskiej. Uprawiali zboże i len, hodowali zwierzęta, budowali domki z dwuspadowym dachem. W co wierzyli? A to już Pan Bóg jeden raczy wiedzieć. W miarę konkretny materiał do takich dociekań dają dopiero relacje z czasów, gdy chrześcijaństwo wciąż próbowało przebić się do pogańskich głów, a te pochodzą z czasów o ponad tysiąc lat odległych od interesującego nas punktu. Badacze stawiają rzecz jasna i uprawdopodabniają różne hipotezy. Jest w mitologii Słowian (a więc pewnie i Prasłowian) nuta irańska, jest ugrofińska, widać ślady „pożyczania" sobie bóstw czy rytuałów od aktualnych sąsiadów. Trudno chyba definitywnie rozstrzygnąć, czy na tym etapie wszyscy nasi praszczurowie wierzyli już w konkretne bóstwa (ot, choćby w boga-szefa, Swarożyca, czy np. boga burzy Perkuna). Czy byli jeszcze na etapie układania sobie relacji ze wszechobecnymi duchami poszczególnych miejsc, roślin czy zjawisk, które później zmienią się w malowniczo opisywane w legendach rusałki, płanetników, baby jagi (tak określano ducha kobiety zmarłej podczas połogu), czy (to późniejszy import z mitologii germańskich) – jeszcze nie ceramicznych lub plastikowych krasnali.

Babciny i dziadziny system rozumienia świata pewnie był taki, jak u wszystkich innych ludów indoeuropejskich (i tak pozostało do dzisiaj): dzielił świat na sferę władzy (prawnej i religijnej zarówno), walki i siły fizycznej oraz wytwórczości. Profesor Andrzej Szyjewski w przeciekawej i przeobfitej pracy „Religia Słowian", w której próbuje zszyć w jakąś całość wszystko to, co o religii naszych przodków wiadomo, zwraca uwagę, że w słowiańskich mitach założycielskich (jak i w innych indoeuropejskich) władca Piast pochodzi z trzeciej grupy: jest rzemieślnikiem (kołodziejem) albo rolnikiem – orze ziemię, a jego żona nazywa się tak, jak podstawowa wówczas roślina jadalna, Rzepka. Stąd radosny wniosek, że jeśli system prapraprzodków nam się utrzyma, nigdy nie grozi nam pełna teokracja albo dyktatura wojskowa. Na wieki wieków amen skazani jesteśmy na władców, którzy prezentować będą się przed nami jako ci, pod których okiem pola rodzą pięć razy w roku, tuczne wieprze nie mieszczą się w chlewikach, a pieniądze rosną na drzewach.

Niech mi profesor Szyjewski wybaczy (zaraz się okaże, skąd ta prośba), ale z jego wywodu wyłowiłem jeszcze jeden genialny trop: wskazujący, jak Słowianie pokonywali spotykany wszędzie na świecie i od zawsze dualizm. Bo przecież ludzie od zawsze, myśląc o świecie i porządkując go w głowach, myśleli dwójkami, które miały ze sobą rywalizować, a jednocześnie się uzupełniać. Takie diady mamy wszędzie: lewo – prawo, męskie – żeńskie, góra – dół, dzień – noc, wreszcie: dobro – zło. „Z kolei umysł mityczny – pisze Szyjewski – szuka stanów pośrednich między nimi w rodzaju: wieczora, androgyna, środka i przydaje im wartość (...) przekraczającą granice. Dlatego częstymi bohaterami mitów są postacie o charakterze takich mediatorów (pośredników). Dla przykładu u Słowian próg domu jest elementem mediującym pomiędzy wnętrzem a zewnętrzem, dlatego np. nie wolno witać się przez próg, a czary najlepiej działają, jeśli ich materialny wyraz zakopie się pod progiem. Mediatorem jest alkohol łączący w sobie cechy ognia (pali) i wody (jest płynny). Mediatorami w mitach są np. istoty padlinożerne: hiena, sęp i kruk, które nie są ani zwierzętami roślinożernymi, ani mięsożernymi, lecz czymś pomiędzy nimi, żywią się tym, co było martwe, lecz było żywe. Mediatorem jest Kopciuszek (brudas, który jest w istocie najpiękniejszy, czy kot w butach – zwierzę o ludzkich cechach)". Od teraz, patrząc na zataczającego się na ulicy w niedzielny ranek dżentelmena albo naprutą jak szpadle młodzież w nadrzecznym barze, spróbujmy zobaczyć w nich nie degeneratów, a podmioty dziejącego się na naszych oczach kosmicznego misterium.

My, Słowianie, jak powszechnie wiadomo, od zawsze dźwigamy na swych wątłych barkach ciężar bycia rasą po wielokroć wybraną. Podczas więc gdy Latynosi balują, a Skandynawowie usprawniają i minimalizują, my troszczymy się i martwimy o wszystko. Oni nie wiedzą o naszym wybraniu, a nawet jeśli wiedzą – nie są nam wcale wdzięczni. To my jednak stoimy (jak się okazuje, od wieków) w progu rzeczy boskich i ludzkich, to nasze heroiczne myślenie i gotowość do ponoszenia ofiar jest tym, co trzyma przy życiu ten świat. A przy takiej odpowiedzialności, przy nieustannym mieszkaniu na egzystencjalnym progu – bracia i siostry: jak nie pić?! Oto najlepsze chyba podsumowanie mojego warsztatu historyka amatora: choć w żaden sposób nie udało mu się przybliżyć czytelnika do wiedzy o tym, w co wierzył jego żyjący dwa tysiące lat temu prapradziadek, jedno ustalił na pewno: musiał pić.

PS

A może – gdy już pójdę do Pana – okaże się, że moje obecne zainteresowanie i zaangażowanie w Afryce było nieuświadomioną kontynuacją losów któregoś z moich dziadków, który w VIII czy IX wieku na tym kontynencie wylądował? Słowiańskich niewolników sprzedawano wszak na Bliski Wschód i do północnej Afryki tysiącami (nie można wykluczyć, że była to jedna z ważnych pozycji budżetowych również w państwie fetowanego dziś jako założyciela naszej cywilizacji Mieszka I). Na dworze takiego np. emira z dynastii Aghlabidów (tereny dzisiejszej Algierii, Libii i Tunezji) w gronie służby i gwardii pałacowej było przeszło tysiąc naszych ziomków! Słowianie oddawali też usługi na dworach kalifów omajadzkich w Kordobie. Ciekawa historia miała miejsce w XI wieku w państwie Nukur na granicy dzisiejszego Maroka i Algierii, gdzie słowiańska gwardia pałacowa zorganizowała powstanie przeciw emirowi, a gdy ten ledwo co zdołał je obalić, buntownicy uciekli w góry, gdzie założyli osadę nazwaną z tej okazji Qarjat as-Saqaliba (czyli Wieś Słowian). Archeolodzy ze Szczecina i Poznania wyruszają właśnie (w październiku 2016 roku) na poszukiwania tej osady. Kto wie, że słowiański admirał Masud pracujący dla Fatymidów skutecznie najechał Sycylię? Kto wie, że pochodzący z Dalmacji słowiański generał Dżauhar zdobył dla Fatymidów Egipt i – uwaga – założył jego nową stolicę, Kair?

Niesłychana jest ta mieszanka krwi, jaka przez ostatnie dwa tysiące lat mogła powstać w naszych żyłach. Zawsze byłem zdania, że Polacy to (tak to sobie wymyśliłem) latynoscy Skandynawowie względnie skandynawscy Latynosi. A tu proszę: pradziadkowie wielu z nas być może mieli w żyłach krew gocką, inni pomieszali się już z miejscowymi w Hiszpanii czy może nawet wrócili z saksów w Afryce... No chyba, że rzeczywiście dziadzio był dworzaninem u Awiłły Leszka IV (patrz: Dodatek specjalny: „Nasi górą”). Wtedy ja to szanuję.

Rozdział VIII

Klaudiusz Neron
Juliusz Cezar.
Syn celebryty,
kuzyn fiksata,
zięć lafiryndy.
Może już święty.

Na wyspie Poncja u południowych wybrzeży dzisiejszych Włoch umiera wśród głodowych majaków trzymany tam od paru miesięcy pod strażą 24-letni Klaudiusz Neron Juliusz Cezar. Na taką śmierć skazał go jego osobisty stryjeczny dziadek, cesarz Tyberiusz. Trzy lata później na wyspie zwącej się dziś Ventotene, a wówczas Pedanteria, w takich samych okolicznościach zejdzie ze świata jego matka, Agrypina. Całą tę morderczą intrygę przeprowadził Sejan, wszechpotężny szef cesarskiego BOR-u, czyli po tamtejszemu: prefekt gwardii pretoriańskiej. Od zarania ludzkości ludzie robią innym ludziom straszne rzeczy z trzech tych samych powodów: dla władzy, dla pieniędzy albo z powodu szaleństwa. Sejan to przypadek z pierwszej kategorii. Człowiek ze społecznych nizin, który zachłysnął się władzą i chciał jej więcej i więcej. Umocował się erotycznie na dworze cesarza Tyberiusza (przyprawiając rogi cesarskiemu synowi) i wziął się za usuwanie kolejnych pretendentów do tronu, licząc na to, że sam go w końcu przejmie.

Najpierw załatwił swojego bezpośredniego seksualnego konkurenta, czyli cesarskiego syna, później uknuł intrygę przeciwko naszemu Klaudiuszowi Neronowi i jego bratu Druzusowi.

Skąd wzięli się oni na centralnej scenie imperium? Otóż byli synami Germanika. Germanik zaś był rzymskim celebrytą kategorii „A", skrzyżowaniem dzisiejszego Lewandowskiego z Clooneyem, uwielbianym przez Rzymian wodzem. Społeczeństwo chciało nawet obwołać go cesarzem, a legiony urządziły w tym celu bunt, on jednak pozostał lojalny wobec Tyberiusza. Poprzednik Tyberiusza, cesarz Oktawian August, układając schemat dziedziczenia, jako swojego następcę wskazał Tyberiusza, syna swojej trzeciej żony, nakazał jednak Tybkowi, by jego z kolei następcą był Germanik. Germanik w 19 roku naszej ery przedwcześnie pożegnał się jednak z tym łez padołem (jedni piszą, że podczas pobytu na Bliskim Wschodzie ciężko zachorował, inni, że został otruty). W kolejce do dziedziczenia tronu stanęły więc jego dzieci. Klaudiusz Neron zawinił więc wyłącznie tym, że urodził się w tej, a nie innej rodzinie. Jako chłopiec brał udział w triumfach swojego ojca, Germanika, po czym wpadł w młynek rzymskiej polityki, przez który został zmielony. Wiadomo, że był zaręczony z Junią, córką namiestnika Syrii, która jednak zmarła. Zaaranżowano mu więc dynastyczne małżeństwo z Julią Heleną, wnuczką Tyberiusza. Teściowa Klaudiusza, wraz ze swoim kochankiem Sejanem, natychmiast otoczyła go prowokatorami i szpiegami. Klaudiusz Neron, pełen nadziei, że może będzie mógł przypomnieć ludziom ideały swego ojca, zdążył parę razy pokazać się publicznie, popiastować przez chwilę kilka ważnych stanowisk i nacieszyć się entuzjazmem tłumu (który kochał wszystko, co miało związek z Germanikiem). Nie dał jednak rady wyplątać się z otaczających go zewsząd spisków.

Tacyt w miarę dokładnie opisuje, jak zaciskała się pętla wokół Klaudiusza Nerona: „Ten, mimo skromności cechującej jego młody wiek, zapominał częstokroć o tym, czego jego własny interes wymagał; a wyzwoleńcy i klienci, którym śpieszno było wpływy uzyskać, podjudzali go, aby okazał odwagę i pewność siebie. Tego – mówili – życzy sobie naród rzymski, pragnie wojsko; Sejan przeciw niemu na nic się nie odważy, on, który drwi sobie teraz zarówno z cierpliwości starca, jak z bezczynności młodzieńca. Kiedy słyszał te i tym podobne uwagi, nie przychodziły mu wprawdzie do głowy żadne zdrożne myśli, jednak niekiedy wyrywały mu się słowa butne i nierozważne, które nasadzeni nań szpiedzy w lot chwytali i z przyczynkami donosili; a ponieważ Klaudiusz Neron nie miał okazji się bronić, wynikały stąd nadto różne kłopotliwe sytuacje. Jedni unikali spotkania z nim, niektórzy, pozdrowiwszy go, zaraz się odwracali, bardzo wielu wszczętą z nim rozmowę zaraz urywało, a na odwrót, zjawiający się zausznicy Sejana przystawali, aby zeń szydzić. Tyberiusz wreszcie przyjmował go z miną ponurą albo uśmiechem obłudy: czy by młodzian mówił, czy milczał – tak z milczenia, jak i mówienia zarzut mu czyniono. Nawet noc nie była dlań pewna, bo o jego czuwaniach, snach, westchnieniach żona swej matce Liwii, a ta Sejanowi donosiła".

Podobne prześladowania spotykały wszystkich, którzy ośmielili się okazać sympatię rodzinie Germanika: „Zaczął się rok w sposób wstrętny: zawleczono do więzienia dostojnego rycerza rzymskiego Tycjusza Sabinusa, z powodu jego przyjaźni z Germanikiem; nie przestał on bowiem otaczać czcią jego małżonki i dzieci, odwiedzał ich w domu, towarzyszył im w miejscach publicznych, pozostawszy jedynym po tylu klientach, za co chwalili go ludzie zacni, a uprzykrzyli sobie niegodziwcy. Tego zaatakowali Lukaniusz Latiaris, Porcjusz Katon, Petyliusz Rufus, Marek Opsjusz, wszyscy byli pretorowie, spragnieni konsulatu, do którego można było dojść tylko za pośrednictwem Sejana, a Sejanową życzliwość pozyskiwało się tylko przez zbrodnię. Ułożyli oni między sobą, że Latiaris, który miał pewne stosunki z Sabinusem, zastawi nań sidła, a inni zjawią się jako świadkowie i wdrożą oskarżenie". Latiaris podpuszcza więc Sabinusa, gra mu na emocjach, wyciąga zeń deklaracje przywiązania do Germanika i obelgi pod adresem Sejana i cesarza, a senatorowie podsłuchują go, ukrywając się na strychu, i składają uniżony raport Tyberiuszowi. Sabinusa prowadzono na egzekucję przez puste miasto. Krzyczał, że to piękny początek roku – złożenie ofiary Sejanowi, ale zastraszeni ludzie siedzieli cicho jak myszy w domach. „Nigdy bardziej przygnębieni i trwożni nie byli mieszkańcy stolicy: wobec najbliższych zachowywano dyskrecję, unikano zebrań, rozmów, znanych czy nieznanych uszu; oglądano się niespokojnie nawet na nieme i nieżyjące przedmioty, na powałę i ściany".

Po egzekucji Sabinusa Tyberiusz przesyła do senatu list, skarżąc się, że teraz śmiertelnie boi się Klaudiusza Nerona i Agrypiny. W 29 roku naszej ery umiera sędziwa (miała 87 lat) żona Oktawiana Augusta. „I odtąd zaczęło się nieprzystępne już i gniotące jedynowładztwo. Albowiem póki żyła Augusta, było jeszcze do kogo się uciec, zwłaszcza że Tyberiusz miał zakorzeniony respekt dla matki, a Sejan nie ważył się powagi rodzicielki wyprzedzać. Teraz obaj, niby z wędzidła zwolnieni, nabrali rozpędu; wysłano do senatu przeciw Agrypinie i Klaudiuszowi Neronowi pismo, które – jak gmin wierzył – już dawno było nadeszło, lecz zatrzymała je Augusta: odczytano je bowiem rychło po jej śmierci. Zawierało ono słowa o wyszukanej szorstkości, lecz nie zarzucał wnukowi orężnego buntu i dążenia do przewrotu, tylko miłostki z chłopcami i bezwstyd. Przeciw synowej nie odważył się nawet na takie wymysły, lecz obwiniał jej zuchwały język i krnąbrną duszę. W senacie zapanowała wielka trwoga i milczenie. Wreszcie kilku, którym uczciwość żadnych nie rokowała nadziei, zażądało, żeby sprawę postawiono na porządku dziennym (...). Równocześnie lud, niosąc obrazy Agrypiny i Klaudiusza Nerona, otoczył izbę senacką, a życząc Cezarowi pomyślności, wołał, że pismo jest sfałszowane i wbrew woli cesarza gotuje się jego domowi zagładę". Sejan histeryzuje, że senat lekceważy ból cesarza, a ludność szykuje rewolucję, cesarz ponawia zarzuty, łka nad swoim losem i domaga się kary, senat ostatecznie wydaje wyrok skazujący, ale o wymiarze kary musi zdecydować osobiście cesarz.

Ostatni akt tego dramatu rozgrywa się właśnie na naszych oczach na Poncji. Trudno powiedzieć, czy Klaudiuszowi Neronowi, który osłabiony głodem traci już świadomość tego, co jest rzeczywistością, co ostatnim urojeniem, przyniosłaby ulgę świadomość, żc źródło większości nieszczęść – jego teściowa – zginie w rok później dokładnie w ten sam sposób: zagłodzona przez własną matkę, Antonię, która odkryła spisek Sejana przed Tyberiuszem.

Dzięki Antonii (babce Klaudiusza Nerona i też dość makabrycznej postaci), rok po zamęczeniu Klaudiusza Nerona coraz bardziej odklejający się od świata w swojej rozpustnej samotni na Capri Tyberiusz zorientował się wreszcie, co knuje jego protegowany Sejan. Stary satyr przechytrzył go, doprowadził do skazania i natychmiastowej egzekucji. Trupa motłoch rozwlekał jeszcze przez kilka dni po ulicach Rzymu, a kaci w międzyczasie zajęli się wymordowaniem również rodziny niedoszłego spiskowca. Tacyt opisuje, jak „niesiono więc do więzienia chłopca, który już rozumiał, co mu grozi, oraz dziewczęczkę, która tak dalece była nieświadoma, że ciągle zapytywała, co zawiniła i dokąd ją wloką; już więcej tego nie zrobi – mówiła – a skarcić ją można rózgą dziecięcą.

Podają współcześni pisarze, że ją kat przed założeniem pętli zgwałcił, ponieważ uchodziło za rzecz niesłychaną dziewicę gardłem karać; że następnie, po uduszeniu, młodociane ich zwłoki na Gemonie wyrzucono". Zabito też dwie pozostałe córki Sejana, a jego żonę zmuszono do samobójstwa.

Czym zajmował się w tym czasie boski cesarz? Zjawiał się raz na jakiś czas w senacie w sprawach tak pilnych, jak np. wysłuchanie poselstw jedenastu miast z Azji, które zabijały się o to, by to u nich można było wznieść jego świątynię (popisywali się pokrewieństwem z mitycznymi herosami, przedstawiali zaświadczenia o braku trzęsień ziemi, licytowali się wazeliniarstwem). Ale coraz częściej znikał na Capri. Jak pisze stary plotkarz Swetoniusz: „W zaciszu wyspy wymyślił urządzenie apartamentu pełnego sof jako miejsca tajemnych stosunków miłosnych, dokąd ściągnięci tłumnie zewsząd chłopcy rozpustni i dziewczęta oraz wynalazcy potwornego stosunku, których nazywał „spintriami", spleceni w potrójnym uścisku nawzajem się sobie oddawali, aby podniecać tym widokiem jego otępiałe zmysły (...). Zniesławił się jeszcze bardziej rozpustnymi i obrzydliwymi czynami, których nie godzi się nawet opowiadać lub słuchać, cóż dopiero uwierzyć w ich prawdziwość". Tu następuje szczegółowy opis praktyk seksualnych z dziećmi i niemowlętami. Tacyt przyznaje, że początkowo sądził, że Tyberiusz trzymał się z dala od stolicy ze względu na Sejana. „Ponieważ jednak po tegoż straceniu jeszcze sześć lat bez przerwy w równym przebył odosobnieniu, więc często niepokoi mnie pytanie, czy nie byłoby słuszniej odnieść przyczynę do niego samego, który choć okrucieństwo i zmysłowość czynnie ujawniał, przecież starał się je dzięki miejscu ukryć. Niektórzy myśleli, że na starość wstyd mu było także własnego wyglądu, bo jego wyniosła postać była nadmiernie chuda i pochyła, szczyt głowy bez włosów, twarz pełna wrzodów i zazwyczaj plastrami poznaczona".

W takie to właśnie ręce złożono los nie tylko Klaudiusza Nerona, ale przecież i Jezusa Chrystusa, którego zabił działający w imieniu Tyberiusza rzymski prokurator. Obaj zmarli „w objęciach państwa", jakże wielkiego i wspaniałego drzewa, skoro na samym szczycie było w stanie wydać z siebie tak piękne owoce, jak Tyberiusz oraz inni przedstawiciele dynastii julijsko-klaudyjskiej. Ot, choćby – jego następca, rodzony, młodszy brat naszego Klaudiusza Nerona, Kaligula.

Jeszcze za życia Germanika był maskotką jego legionów, żołnierze przebierali go w strój wojaka i nazywali pieszczotliwie właśnie Kaligulą, czyli Bucikiem. Jako jeden z niewielu pozostałych przy życiu pretendentów w 37 r. naszej ery zostanie cesarzem i przez pierwsze pół roku rządów będzie spełnieniem marzeń: uwolni więźniów politycznych, zakaże donosów, rozkaże opublikować dzieła opozycji, wprowadzi ulgi podatkowe, wygna z Rzymu oszustów, by później nagle zmienić się ucieleśnienie koszmaru.

Współcześni naukowcy stawiają tezę, że Kaligula pod koniec 37 r. naszej ery musiał przebyć jakąś zmieniającą świadomość chorobę. O ekscesach seksualnych, okrucieństwie, chaosie i absurdach czasów tego władcy napisano już tyle, że nie ma sensu przypominać i tutaj o pomysłach uczynienia ulubionego konia senatorem czy ścięciu swojego honorowego gościa, króla Mauretanii Ptolemeusza, wnuka Kleopatry i Marka Antoniusza.

Kaligula doigra się w końcu i zostanie zabity przez swoich ochroniarzy. A na tron wstąpi jego zaskoczony obrotem spraw wujek, brat Germanika, Klaudiusz (ale nie Klaudiusz Neron, bo ów już przecież nie żyje). Niepełnosprawny, dla wielu był pośmiewiskiem (włączając w to jego własną matkę, wspomnianą Antonię, która publicznie nazywać go miała głupcem i potworem), mimo że bardzo się starał wywiązywać ze swojej roli jak najlepiej. Tragizm jego losów przypieczętuje ogromny wręcz pech w dziedzinie męsko-damskiej. Za żony los da mu dwie potwornej wręcz skali intrygantki: Messalinę, która mordować będzie rywali bez pamięci, a sama zaprezentuje tak wielki temperament seksualny, że spędzając dnie z kochankami, nocami iść będzie jeszcze na wolontariat do burdelu, oraz Agrypinę, matkę późniejszego cesarza Nerona.

Ten z kolei maminsynek, despota i uwielbiany przez gawiedź błazen, sięgnie po władzę, mając lat 17. A gdy popełniać będzie samobójstwo, osaczony przez puczystów, będzie miał lat zaledwie 31.

W powszechnej świadomości utrwalił się obraz Nerona jako opętanego władczym szaleństwem sfiksowanego starca po pięćdziesiątce, podczas gdy on to wszystko, co zrobi, zrobi jako dwudziestoparolatek! I powiedzmy sobie szczerze – nikt, naprawdę nikt, nie uczyni tyle, co on dla wyginięcia swojej rodzimej dynastii julijsko-klaudyjskiej.

Po pierwsze: pozbawi życia ojczyma, czyli Klaudiusza. Po drugie: otruje przyrodniego brata, Brytanika. Po trzecie: zabije (trzeba przyznać, że okropną i okrutną) matkę. Po czwarte: zabije 20-letnią żonę, Oktawię, która musiała zrobić miejsce dla kochanki, Poppei, będącej – jak się przypuszcza – pomysłodawczynią oskarżenia chrześcijan o wielki pożar Rzymu w 64 roku naszej ery. Po piąte: Poppea (wraz z nienarodzonym jeszcze dzieckiem) zginie pobita przez Nerona po zrobieniu mu wyrzutów, że za późno wrócił z imprezy. Po szóste: Neron wyśle też w zaświaty kolejną potencjalną żonę (która ośmieliła się odrzucić jego zaloty) pod zarzutem zdrady stanu. Po siódme: żonie, którą uda mu się poślubić, Statylii Messalinie, zabije męża. Po ósme: zabije też własną ciotkę oraz niezliczone zastępy dalszych krewnych i zupełnie niespokrewnionych oponentów, do samobójstwa zmuszając np. słynnego Petroniusza (który urządził sobie umieranie w trakcie cudownej imprezy, wysyłając cesarzowi w prezencie detaliczny wykaz wszystkich cesarskich morderstw i skurczysyństw), a w końcu nawet swojego mistrza – autora swych przemówień, wychowawcę i głównego ideologa politycznego (oraz przeobrzydliwego wprost bogacza), Senekę.

Neron, gdyby urodził się dziś, z pewnością byłby królem estrady. Ów pajac w purpurze zdradzi szczególne zamiłowanie do uświetniania swoimi występami przeróżnych festiwali i igrzysk, przebierania się za gladiatora, żołnierza, występować będzie jako aktor, pieśniarz. Będzie też zapalonym kibolem jednej z rzymskich drużyn ścigających się na rydwanach, Zielonych. Jesienią 59 roku naszej ery zgoli po raz pierwszy zarost, z tej okazji wyda megahuczne imprezy i tak powstanie święto młodości, Juwenalia. Nocami, w rzymskich zaułkach, w przebraniu rabusia zasadzać się będzie na przechodniów (aż pewien zaatakowany senator spuści mu takie manto, że przypłaci to głową, a Neron łobuzować będzie odtąd z ochroną). Obserwując zamiłowanie do kąpania się w uwielbieniu prostego ludu, prezentowane przez wielu współczesnych dyktatorów i półdespotów, i ich przekonanie, że nie ma nic piękniejszego niż tłum zapatrzony w fikającego kozły (czy to fizyczne, czy retoryczne) władcę, można mieć wrażenie, że w mechanizmach sterujących relacjami społeczeństwa i polityki naprawdę niewiele (poza scenografią) się od tamtych czasów u *homo sapiens* zmieniło.

Dlaczego wybiegam tak daleko w przyszłość, skoro skupiać się mieliśmy na roku 30? Wraz ze śmiercią Nerona (konającego ze słynnym okrzykiem: „Jakiż ginie we mnie artysta!") na dobre kończą się bowiem rządy tak skutecznie przez niego przetrzebionej dynastii Juliuszów i Klaudiuszów, która już na zawsze w historii spleciona będzie z najważniejszymi wydarzeniami początków chrześcijaństwa. Jezus Chrystus przychodzi wszak na świat za panowania pierwszego jej przedstawiciela, Oktawiana Augusta. Za rządów ostatniego – śmierć ponoszą dwaj Jego najwybitniejsi uczniowie (z czego jeden „zaoczny"): Piotr i Paweł. Szaleńcze prześladowanie, jakiemu poddana została ta niewielka, egzotyczna wspólnota za czasów walniętego Nerona, wprowadza ją paradoksalnie na zupełnie niewyobrażalną dla małej palestyńskiej sekty orbitę. Tertulian będzie miał rację: krew męczenników stanie się „posiewem chrześcijan". Część Rzymian przyglądać się będzie cierpieniom tych ludzi z właściwą każdej tłuszczy debilną satysfakcją, u wielu rodzi się jednak autentyczne współczucie. Przeżyją wstrząs, zaciekawią się wiarą, która do tego stopnia ma w nosie święte prawo zemsty i kurczowe przywiązanie do ziemskiego życia. Od czasów Herodów i Neronów tak to jednak właśnie jest. Każdy, kto podnosi rękę na wyznawców Jezusa, w istocie wyrządza im największą z możliwych przysługę. Nie ma skuteczniejszego komunikatu o sile miłości niż ten, którego waga przypieczętowana jest śmiercią jej niewinnego wyznawcy.

Wróćmy jednak jeszcze na małą chwilę do Juliuszów i Klaudiuszów. Zaczęli wcale fajnie: od bohatera, wielkiego wodza Juliusza Cezara, który sięgnął ostatecznie po prerogatywy dyktatora, by uzdrowić przeżartą zepsuciem i wikłającą kraj w coraz to nowe konflikty władzę senatorskiej arystokracji. Jego adoptowany w testamencie syn, Oktawian, też nie był (z punktu widzenia polityki państwa) najgorszym z władców: zapewnił państwu lata stabilizacji, podbijał umiarkowanie, dał przestrzeń do rozwoju kultury, rozwinął zainicjowany przez Juliusza Cezara system, który miał w Rzymie przetrwać jeszcze wiele dziesięcioleci. Cesarz był w nim jedynie pierwszym obywatelem, żonglującym umiejętnie przyjmowanymi dla picu tytułami stanowiskami z czasów republiki. Wciąż działały republikańskie instytucje, a kolejni władcy, choć coraz bardziej obrastali w złoto, ceremoniały i boską cześć, do ludu nadal wysyłali tak przezeń uwielbiany PR-owski komunikat, który wspaniale zawarł w słowach nasz arcymistrz lapidarnej frazy: „nie chcem, ale muszem". Jestem jednym z was, któremu los zgotował najtrudniejszy z możliwych obowiązek: abyście wy mogli zaznać rozkoszy bycia rządzonymi w spokoju, ja muszę nad wami panować. Jak choćby prezydent Federacji Rosyjskiej Władimir Putin, który przy każdej okazji (wolnej od lotów za stadem żurawi czy straszenia pukawką syberyjskich tygrysów) żali się, że „haruje jak wół" dla dobra powierzonej mu trzody.

Patrząc na obłudę i bestialstwo, z jakim człowiek – i w czasach Chrystusa, i dziś, bez różnicy – traktuje powierzony sobie świat: ludzi, zwierzęta, ziemię, nie mam wątpliwości, że gdybym to ja był na miejscu Boga, zakończyłbym jego historię jeszcze w tej sekundzie. Bez wątpienia rzeczą, za którą w pierwszym rzędzie powinniśmy Mu być wdzięczni, jest to, że wciąż tego nie zrobił. Istniejemy tylko dlatego, że Bóg, z sobie tylko znanych powodów, nie chce trzymać tego świata za twarz (choć powinien), a ponieważ nam go zostawił, my z całą pewnością rozpieprzymy go do końca.

Dokładnie tak. Wystarczy przecież prześledzić historię Klaudiusza Nerona albo otworzyć dowolny zbiór współczesnych reportaży, by zyskać pewność: za daleko to wszystko już poszło, świat nie ma już szans, by ocaleć. Ocaleje człowiek, bo Bóg na krawędzi otchłani będzie tam na niego czekał.

Tak jak czekał na Klaudiusza Nerona. Katechizm poucza, że Chrystus w ciągu tych pewnie około trzydziestu godzin, które dzieliły Jego śmierć od Zmartwychwstania, zszedł do otchłani. Pewnie wypatrzył tam wychudzonego do cna Klaudiusza. I zaprowadził go za rękę do nieba. Bo czyściec ten chłopak, zdaje się, przerobił w całości na ziemi.

Rozdział IX

Ojciec chłopca
chorego na padaczkę.
Niewierzący wierzący,
wierzący niewierzący.

Jego syn (prawdopodobnie jedynak) od dzieciństwa cierpiał na padaczkę. Objawy detalicznie opisuje Ewangelia Marka: chłopak miewa częste ataki, w czasie których traci przytomność, ma drgawki, pianę na ustach, zgrzyta zębami, sztywnieje. W spisanym w XVIII wieku przed naszą erą Kodeksie Hammurabiego tłumaczono się, że do takiego stanu doprowadza pacjenta zły duch (konkretnie – demon *uttuku*). Ponad tysiąc lat później Hipokrates z wyspy Kos ośmielił się postawić tezę, że źródłem epileptycznych ataków jest chyba jednak jakieś uszkodzenie mózgu (konkretnie: zaleganie w nim flegmy). Samą chorobę określił zaś jako „świętą", ze względu na złożone i spektakularne objawy, jakie jej towarzyszą. Pozwalają one medycznym laikom odnieść wrażenie, że chory zostaje na chwilę przeniesiony w inne rewiry istnienia, a jego ciałem zarządza przez kilka minut niewidzialna dla postronnych moc.

U ewangelisty Mateusza, który też (choć krócej i bez medycznych „hardkorów") opisuje ten incydent, znajduje się jeszcze jeden trop, wskazujący, co nasi pradziadowie myśleli o padaczce. W polskich, współczesnych tłumaczeniach chłopak opisywany jest jasno: „epileptyk", w greckim oryginale Mateusza stoi tu jednak słowo bliższe „lunatykowi" (*seleniazetai*, opętany przez księżyc; ten, którego zachowanie zależy od zmian faz księżyca). Diagnostyczna bezradność przodków wyrażała się więc i w tym, że tę neurologiczną przypadłość kojarzyli z nadmierną ekspozycją organizmu na światło księżyca albo wręcz owładnięciem przez boginię tego ciała niebieskiego, Selene. Swoistej logiki odmówić temu nie sposób: i ten, który lunatykuje, i ten, który na parę minut wpada w drgawki – tracą kontrolę nad sobą. A więc: skoro mamy identyczne skutki, a przyczynę jednego z nich znamy (lunatycy łażą wszak na swoje peregrynacje w nocy), wniosek mamy jak na dłoni: padaczka to także musi być skutek przedawkowania księżyca.

Życie jest na tyle piękne i nieproste, że sprawdza się w nim też jednak inny mechanizm: ten sam skutek może mieć dwie różne przyczyny. Wystawmy sobie oto kogoś, kto zgłasza się na SOR z ciśnieniem 220/180 i miażdżycą. Co go tu przyprowadziło? Geny? A może to, że przez ostatni rok konsumował dziennie trzy hamburgery skąpane w saganie majonezu? Obie przyczyny mogły dać ten sam skutek. Podobnie jest w przypadku cierpiącego na naszych oczach chłopaka. Mógł po prostu mieć padaczkę, bez dwóch zdań. W Ewangelii Marka – jak to się fachowo mówi – etiologia, czyli przyczyna doprowadzająca do choroby, jest jednak zgoła niefizyczna. Ten biedny chłopak zostaje opisany jako ktoś, kim zawładnął zły duch, „duch niemy", „duch nieczysty". To zresztą temat na osobną habilitację albo i dwie. Pierwsza traktowałaby o tym, jak starożytni utożsamiali choroby z działalnością ciemnych, niewidzialnych sił, które w znakomitej większości stały się zupełnie widzialne, gdy wynaleziono prześwietlenia, analizy laboratoryjne, USG i rezonanse magnetyczne. Druga praca próbowałaby rozwikłać dużo bardziej złożony dylemat: kiedy (i jak) choroby duszy prowadzą do schorzeń ciała? Jeśli bowiem rzeczywiście człowiek składa się z *psyche*, ciała i ducha, a wiemy już doskonale, że istnieje związek między stanem *psyche* a stanem ciała (patrz: choroby psychosomatyczne), dlaczego nie miałoby go również być na linii: duch – ciało?

Ja osobiście mam swój trop. Dla kogoś, kto wierzy w dobrego, a nie dziwnego Boga, nie jest rzeczą łatwą założyć, że mógłby On dopuścić do tego, by opętanie spotykało dzieci. A tu przecież właśnie z dzieckiem mamy do czynienia. Za czysto medycznym podłożem przypadku przemawiają też bardzo precyzyjnie opisane objawy i właśnie to, że zdarzają się one od dzieciństwa (cecha charakterystyczna tej choroby, nazywanej nawet w czasach Galena *paidion*, „dziecięcą chorobą"). Określenie „duch niemy", którego używa ojciec chłopca, może odnosić się do tego, że chory w czasie ataku traci możliwość mówienia, nie reaguje też na to, co słyszy. Chwileczkę: Jezus w swoim terapeutycznym postępowaniu z chłopcem nie wypisuje przecież recepty, a zwraca się do „ducha nieczystego", by natychmiast zostawił malca w spokoju. Uzdrowienie przybiera tu więc formę egzorcyzmu. Marek podaje, że na koniec demon wyszedł z pacjenta „wśród wrzasków i gwałtownych konwulsji", chłopiec padł (realnie albo wizualnie) trupem, po czym Pan podniósł go i od tej pory wszelkie dolegliwości ustały. Z drugiej jednak strony, całej tej historii nie opowiada nam przecież Jezus. Co do historycznej autentyczności tego akurat zdarzenia nie mają większych wątpliwości nawet najbardziej zapiekli fani poszukiwań „Jezusa historycznego", tropiciele tego, co w Ewangeliach rzeczywiście miało miejsce, a co zostało później dopowiedziane. Narratorem jest tu jednak druga ręka: ktoś, kto słuchał obserwatora zdarzeń. Człowiek żyjący w czasach, w których epilepsję uważano nie tylko za formę opętania, ale i za chorobę zakaźną (np. używanie tych samych naczyń mogło sprawić, że wywołujący ją demon przeprowadzi się z chorego na zdrowego).

Jakkolwiek było – patrząc z perspektywy owego chłopca i jego taty – nie miało to pewnie zbyt wielkiego znaczenia. Gdy przez całe życie skręcasz się z powodu bólu zęba, który nagle, na skutek uzdrowienia, ustaje – nie brniesz przecież w spiętrzanie hipotez, czym mógł on być wywołany. Twoje życie było koszmarem, a już nie jest. Odzyskujesz to, co dla każdej myślącej istoty najcenniejsze: samokontrolę, możliwość stanowienia o sobie choćby poprzez to, że kiedy chcesz coś powiedzieć – to powiesz, kiedy będziesz chciał stać – to staniesz, a nie upadniesz w konwulsjach na ziemię, tocząc przy tym pianę i przygryzając język.

Dużo istotniejsze jest nieprzegapienie w tej opowieści człowieka, bez którego Jezus by go nie rozwiązał. Co wiemy o ojcu chłopca? Wkracza na scenę parę, paręnaście godzin przedtem, zanim pojawi się na niej Chrystus. Nauczyciel zostawił część apostołów i tłum (pewnie setkę albo i lepiej) innych uczniów, i z trzema najbliższymi współpracownikami (Piotrem, Jakubem, Janem) poszedł na górę Tabor, gdzie miało miejsce jego Przemienienie. Ojciec chłopaka musiał usłyszeć, że rabbi z Nazaretu jest w okolicy. Pewnie słyszał już z plotek, że wyróżnia się spośród wielu działających wtedy w Galilei egzorcystów (niektórzy z nich, jak podaje sama Ewangelia, potrafili być całkiem skuteczni). Przed powrotem Jezusa ma miejsce sytuacja nieco kompromitująca dla apostołów, biorą się bowiem za egzorcyzmowanie chłopca, ale nie dają rady. Dziwna sprawa: Jezus powiedział im przecież wyraźnie, że będą wyrzucać złe duchy i uzdrawiać, a tu – kiszka, nic się nie dzieje: chłopak nadal pieni się, rzuca i telepie. Dodatkowo na miejscu byli też fachowcy – uczeni w Piśmie, którzy, jak donosi Marek, żywo o czymś z owymi uczniami Jezusa debatowali. Kto widział kiedyś na żywo gorącą dyskusję np. pomiędzy współczesnymi żydowskimi „tradsami” (bliskowschodni temperament plus kwestie religijne równa się zderzacz hadronów), ten może mieć ślad wyobrażenia, co mogło się dziać tutaj.

Emocjonalna sytuacja Jezusa jest nie do pozazdroszczenia (pokazuje ją zresztą bardzo ładnie przechowywany w Muzeach Watykańskich obraz Rafaela „Przemienienie"). Ledwo co na Taborze kąpał się w boskiej chwale Ojca, a tu znów doświadcza twardego lądowania na ziemi pełnej krzyków, machania rękami, szarpania się za ciuchy i brody, a także bycia traktowanym jak Justin Bieber, wróg państwowy i przedszkolanka w jednym. Inicjatywę przejmuje ojciec chłopca, oznajmia, że to on jest sprawcą całego zamieszania, opisuje objawy syna i denuncjuje niepowodzenie uczniów. Jezus reaguje brutalnie: „O, niewierzący ludzie! Jak długo jeszcze mam być z wami? Jak długo będę musiał was znosić? Przyprowadźcie go do mnie!".

Czyli Jezusowy standard, już od czasów Kany Galilejskiej: najpierw danie do zrozumienia, że nic z tego, po czym, chwilę później – cud. Czy Jezus był emocjonalnie chwiejny? A może po prostu był cholerykiem o dobrym sercu, miał „krótki lont": najpierw się wkurzał, a zaraz później rozchmurzał, przełączał z afektu na myślenie i robił to, co zrobić należało? A może zamiast robić Zbawcy dość tanią psychoanalizę, moglibyśmy spojrzeć na to bardziej Jego niż swoimi oczami? My widzimy ból konkretnego człowieka, On – całość obrazka: przeszłość pacjenta, przyszłość, jego miejsce w Bożym planie, to, co siedzi w głowie każdego przyglądającego się scenie człowieka. Spójrzmy, kogo Jezus tu zdaje się ochrzaniać. Ojca, który od wielu lat zmaga się z chorobą syna? Czy może raczej apostołów (do których ewangelista Marek z zasady nie pała miłością)? Ci po fakcie będą dopytywać Nauczyciela, dlaczego Jemu się udało, a im nie. Odpowie im krótko: bo się nie modliliście.

W tej całej scenie jest tylko jeden człowiek, który się modli. Nie, nie Jezus (który czasem modlił się do Ojca przed dokonaniem jakiegoś cudu). To tato chłopca. Modli się tak, jak po nim modlić się będą miliony ludzi. Wyglądało to tak: „Jeśli możesz coś uczynić, zlituj się nad nami i pomóż nam!". Jezus powiedział do niego: „Jeśli możesz? Dla wierzącego wszystko jest możliwe". Ojciec chłopca krzyknął: „Wierzę, uzdrów mnie z mojej niewiary!". Ten gość naprawdę jest patronem wszystkich nas, którzy piętnaście razy dziennie uświadamiamy sobie coś, co jest sprzeczne z logiką, ale w człowieku bez trudu się jednak mieści: potrafimy być wierzący i niewierzący jednocześnie.

Proszę tylko spojrzeć: ktoś prosi Boga o to, by mógł znów chodzić. Czy umawia się ze znajomymi na tańce za tydzień? Ktoś inny błaga o wygraną w totolotka, której potrzebuje na coś bardzo, bardzo ważnego. Czy zaraz po szczerej modlitwie zamawia mszę dziękczynną za jej wysłuchanie i kupuje szampana, by opić pewną wygraną? Wierząc – nie dowierzamy, że Bóg może, chce i owo pożądane przez nas „coś" zrobi. Nie dowierzając – wierzymy, że jednak może się uda, że wysłucha, że cud się stanie. Że otworzymy oczy i nie będzie choroby, że od pana stojącego za terminalem „Lotto" usłyszymy wreszcie: „Kurczę, rozbił pan kumulację!", że dziecko przestanie ćpać, że kontrakt wypali, że ból rozstania zastąpi wreszcie ukojenie.

Wzrusza mnie ten ojciec, bo nie ściemnia. Widać, że szuka dla syna ratunku, gdzie może. Jest z nim bardzo mocno związany (nie mówi Jezusowi: „pomóż mu", mówi: „pomóż nam"). Jest uparty: uczniom szefa nie wyszło, nie odpuści i szefowi. Rodzice chorych dzieci potrafią być koszmarnie męczący w oczach tych, którzy nie mieli okazji doświadczyć, co znaczy wziąć na siebie cierpienie kochanej osoby i codziennie zużywać wszystkie swoje siły, by znaleźć choć cień nadziei na to, by choć mniej bolało.

To, co widział (i podał dalej) informator Marka, ja widziałem chyba kiedyś w ławrze Troicko-Siergijewskiej niedaleko Moskwy, gdzie często jeżdżę w odwiedziny do mojego patrona, świętego Sergiusza z Radoneża. To wielki cudotwórca, do jego relikwii zjeżdża tu tłum z całego prawosławnego (i nie tylko) świata. Podczas porannej liturgii, zaczynającej się o 5.30 i trwającej trzy godziny, parę metrów przede mną, na rybackim stołeczku siedział dwudziestoparoletni chłopak w dresie z napisem „Siły zbrojne Rosji". Pewnie weteran którejś z obecnych strasznych rosyjskich wojen.

Wyraźnie poharatany, z ograniczoną sprawnością ruchową, mniej więcej co pół godziny leciał z hukiem na posadzkę. Z czasem ataki padaczki stawały się coraz silniejsze. W końcu, po jednym z nich, tuż przed przyjęciem komunii, chłopak się zanieczyścił. Cały czas był przy nim jego ojciec, facet starszy ode mnie może o parę lat, czuły i cierpliwy jak najlepszy pielęgniarz. Zasłaniał go, jak umiał przed ciekawskimi spojrzeniami, tulił, głaskał, gdy torsje na chwilę ustawały – modlił się tak, jak ja nigdy modlić się nie umiałem i nie będę pewnie umiał. Patrzyłem na niego i myślałem sobie: Boże, jak ja chciałbym być kiedyś tak kochany... Mówiłem to, stojąc w świętym miejscu Boga, któremu codziennie powtarzam przecież, że wierzę w to, że On właśnie tak mnie kocha. Przecież wierzę – więc dlaczego mówię: „chciałbym wierzyć"? Bo nie wierzę. To, niestety, aż tak proste.

Obaj ci ojcowie, ten z Galilei i ten z Rosji, pokazują na swoim przykładzie, że to nie jest wcale tak, że trzeba wierzyć, żeby się modlić. Jest dokładnie odwrotnie: trzeba się modlić, żeby wierzyć. Ojciec epileptyka z Galileli osiągnął coś, czego nie dał rady „ogarnąć" zastęp apostołów, mających Jezusa na co dzień pod ręką i oglądających Jego wspaniałe cuda. Oni wierzyli, ale się nie modlili; on nie wierzył, ale się modlił. Ryzykując swoją otwartością w kontakcie z Jezusem, bo przecież w każdym lekarzu zagotowałoby się, gdyby usłyszał od pacjenta szczere wyznanie: „Nie wiem, czy pan w ogóle umie coś z tym zrobić, ale jeśli pan umie – proszę zrobić". Nie miał żadnej waluty, którą mógłby z Bogiem „pohandlować", żadnych zasług, żadnych zaliczonych pobożnych praktyk. „Wierzę ci", nic innego nie ma w relacji z Bogiem znaczenia.

Owo „wierzę ci" naprawdę może być maksymalnie kulawe. W swojej autobiografii były mistrz świata w boksie, a obecnie ewangelizator i kaznodzieja George Foreman, opisuje swoją pierwszą w życiu szczerą modlitwę. Tak szczerą, że jej opis przytoczę w całości. Sytuacja: Foreman jest obrzydliwe bogatym, wrednym z charakteru zabijaką i bufonem, który po pierwszych sukcesach utwierdził się w przekonaniu, że jest bóstwem. Właśnie śpi, przygotowując się do kolejnego pojedynku. Sen przerywa mu siostra, dzwoniąc z informacją, że jego ukochany siostrzeniec miał jakiś atak, jest w śpiączce i zaraz umrze. Nie pomogą mu żadne pieniądze świata, teraz można się już tylko modlić. „Chrześcijaństwo wydawało mi się nudne – ucieczka dla biedaków i starszych pań. Z tą religią też nie chciałem mieć nic wspólnego. Ale tym razem nie potrzebowałem religii, potrzebowałem cudu. Uklęknąłem. Czułem się dziwnie i trochę głupio, ale byłem zdeterminowany.

– No dobrze, mówią, że Ty jesteś Bogiem – stwierdziłem, że mogę tak zacząć. Miałem wrażenie, że po prostu przemawiam na głos do powietrza w pokoju. Jeśli nie ma Boga, to modlę się do niczego.

– Jeśli jesteś Bogiem – ciągnąłem – i jeśli naprawdę istniejesz... I jeśli możesz ludziom pomóc... To proszę, pomóż temu dziecku, dobrze?

Podniosłem się z klęczek i wskoczyłem z powrotem do łóżka. Jednak leżąc, z jakiegoś powodu miałem wrażenie, że nie dokończyłem sprawy. Jeszcze raz uklęknąłem.

– No dobrze. Słuchaj, ten dzieciak ma kłopoty...

Nadal nie miałem pewności, że ktokolwiek na górze mnie słucha, ale rozmowa z Bogiem – jeśli On istnieje – była moją jedyną nadzieją.

– Jeśli naprawdę jesteś Bogiem i jeśli jesteś w górze, tak jak mówią, i jeśli pomożesz chłopakowi, to zrezygnuję z całego mojego bogactwa.

Przerwałem i powtórzyłem z naciskiem:

– Z całego mojego bogactwa.

Trochę spuściłem z tonu i prosiłem:

– Ten chłopak jeszcze nic w życiu nie osiągnął.

Stwierdziłem, że taka prośba z pewnością zwróci uwagę Boga, jeśli istnieje. Położyłem się z powrotem, ale nadal nie mogłem spać. Jeszcze raz wygrzebałem się z łóżka i padłem na kolana.

– Dobra! – wrzasnąłem. – Czemu się czepiasz dzieciaka?! – zawołałem ze złością, rzucając Bogu wyzwanie. – Dopiero rozpoczął życie, niczego jeszcze nie ma. Nigdzie nie był, nic nie zrobił. Ja byłem w różnych częściach świata. Wszystko mam. Po co ci takie biedne dziecko? Zabierz mnie! Zabierz mnie! Oddam swoje życie. Tylko pozwól chłopakowi przeżyć. Jeśli jesteś Bogiem, to zabierz moje życie!

Położyłem się do łóżka i smacznie zasnąłem, jakby moja modlitwa w końcu została wysłuchana".

Bóg natychmiast uzdrawia chłopca. Foreman rzeczywiście traci swoje dotychczasowe życie (w dość spektakularnych okolicznościach), ale dostaje nowe, dużo fajniejsze i zdecydowanie bardziej szczęśliwe. Zwraca uwagę, że w jego przypadku, jak i w przypadku taty małego epileptyka z Galilei, hummusem, tworzywem modlitwy, była nie ich wiedza teologiczna, nawet nie pewność wynikająca z wiary, a miłość do drugiego człowieka. Jedyne, co miał wtedy Foreman, to miłość do siostrzeńca. Człowiek z Ewangelii wiarę w Boga wyznał tak naprawdę, wyznając miłość do swojego syna. Nie chce zupełnie nic dla siebie, on do tego stopnia chce dobra dla tego, kogo kocha, że prosi o dar wiary dla siebie, by nie być przeszkodą w uzdrawiającej interwencji.

Jest jeszcze jedna rzecz, która w ciągu tych paru minut musiała się w tym człowieku dokonać. To odwrócenie głowy, korekta trajektorii spojrzenia. Jezus dopytuje, a on detalicznie opowiada o tym, jak wyglądają ataki (że chłopiec raz jest rzucany w wodę, a raz w ogień). Człowiek żyjący z cierpieniem (swoim czy kogoś, kogo kocha) po pewnym czasie traci wszystko inne z oczu. Tam, gdzie inni widzą życie, widzi ból, tam gdzie są chmury, nadzieja, droga – widzi ból. Jezus jakby brał w ręce jego głowę, odwracał ją i mówił mu: „A teraz spójrz na Boga". Nie grał, jak inni, na siebie: „Zaraz rozwiążę Twój problem, dostaniesz, o co prosisz", ale: „Patrz na Boga".

To kolejna lekcja, jaką ojciec epileptyka może dać wszystkim, którzy prosimy, a nie otrzymujemy. Znajomy niezwykle inspirującego chrześcijanina, Marcina Jakimowicza (wszystkie jego teksty „wciągam" jak chłodną wodę w ciężkie mózgowe upały), opowiadał w jego książce, że całe życie prosił Boga o dar uzdrawiania. Kompromitował się raz za razem, modląc się nad ludźmi z przekonaniem, że coś będzie, ale nigdy nie było. Sytuacja zmieniła się diametralnie, gdy powiedział Bogu: „Ufam Ci bardziej niż temu, co widzą moje oczy". Nie widzisz cudu? Patrz na Boga, a zobaczysz rzeczy, o których twoim oczom się nie śniło. Marcin nieustannie sugeruje też, że powinniśmy do historii uzdrowionego chłopca dopisywać ciąg dalszy. Z uporem maniaka przypomina, że Ewangelia nie nakazuje modlić się za chorych, ale ich uzdrawiać. W jednym z felietonów w „Gościu Niedzielnym" pisze: „Pierwsze skojarzenia ludzi słyszących przed dwoma tysiącami lat imię Jezus? Uzdrowienie. Łaska. Cud. Ich reakcja? Bierzemy naszych chorych i wynosimy ich na ulice. Rozwalamy dachy. Przeciskamy się tak blisko, jak to tylko możliwe, by mieć możliwość złapania choć krańca Jego płaszcza. Święty Piotr chodził w takim namaszczeniu, tak wypełniony Bożą obecnością, że ludzi uzdrawiał jego cień. „Wynoszono też chorych na ulicę i kładziono na łożach i noszach, aby choć cień przechodzącego Piotra padł na któregoś z nich". A Paweł? „Bóg czynił też niezwykłe cuda przez jego ręce, tak że nawet chusty i przepaski z jego ciała kładziono na chorych, a choroby ustępowały z nich i wychodziły złe duchy". Coś się zmieniło? Bóg jest ten sam. Wczoraj, dziś i na wieki. Wierny swym obietnicom do końca świata i jeden dzień dłużej. Dlaczego? Bo przysiągł na samego siebie! „Nie mając nikogo większego, na kogo mógłby przysiąc, przysiągł na samego siebie"). Modlimy się za chorych. Czy widzimy owoce? Czasami. Rzadko. Nie zwalnia nas to jednak z tego obowiązku (Tak, tak! Biblia traktuje to jako nakaz). Nie robimy tego, by doczepić sobie na rękawie kolejne sprawności, ani po to, by wzrastała nasza chwała, ale dlatego że... On tak kazał. Powiedział „Uzdrawiajcie chorych", a my chcemy być posłuszni.

Jesteśmy? Czy wciąż robimy z Kościoła lepszy MOPS albo Główny Urząd Regulacji Wszystkiego, realizujemy swoją wizję, a Jego wizję mamy serdecznie (oby tylko) w nosie? Co się stało później z uzdrowionym dzieckiem i jego tatą? Nie mamy zielonego pojęcia. Gdyby przyłączyli się do uczniów – może zostałby po tym ślad w Ewangeliach, może znalibyśmy ich imiona. Może po prostu wrócili do domu, już bez piętna koszmarnej choroby. Ojciec mógł spokojnie zająć się robotą (a o nią wtedy w Galilei naprawdę nie było łatwo), zwolniony z konieczności nieustannego czuwania przy synu, by podczas kolejnego ataku nie zrobił sobie krzywdy. Jezus z apostołami rusza w stronę Kafarnaum, by tam przekonać się, jak niewiele zrozumieli z tego, czego nauczył ich tato chorego chłopca. Zaraz pokłócili się śmiertelnie o to, który z nich jest największy. Oni, którzy dosłownie przed paroma dniami przekonali się, jak niewiele mogą, umieją, widzą i wiedzą. Wierzyli? Pewnie jakoś tam po swojemu wierzyli. Nie przyszło im jednak do głów, by się modlić.

Rozdział X

Urbaniści z Teotihuacan. O częściach wspólnych geologii, teologii i laryngologii.

Kto wiedzę o tym, co działo się w Ameryce Środkowej i Południowej przed przybyciem tu kolonizatorów, czerpie wyłącznie z filmu „Apocalypto", nakręconego przez kochającego nurzać się w przemocy (zawsze w słusznych i zbawiennych celach) Mela Gibsona, powinien – dobrze radzę – porzucić telewizor, udać się do biblioteki i poszukać czegoś pod hasłem „Teotihuacan".

Podczas gdy po naszych, dziewiczych nadwiślańskich polach ganiała wówczas dziczyzna, a o państwowości nikt jeszcze nie myślał, na terenie środkowego Meksyku istniało miasto, które półtora tysiąca lat temu liczyło ok. 200 tys. mieszkańców, co robiło zeń szósty podówczas co do wielkości ośrodek miejski na świecie. Zaczęło się tak, jak zaczynało się wszędzie: rolnicy indywidualni zaczynali odkrywać gospodarkę inną niż ta oparta na wymianie, oczywiste stawały się korzyści ze współdziałania (i współmieszkania), wraz ze wzrostem populacji pojawiały się problemy z ziemią, chęć kumulacji majątku i rządzenia. Trzysta lat przed Bożym Narodzeniem

Teotihuacan dopiero raczkuje, świetnie radzi sobie jednak położone na południe Cuicuilco, osiągające demograficzne rozmiary ówczesnej Jerozolimy. Gdy oba miasta około roku 100 przed naszą erą osiągają podobny stopień rozwoju – na scenę wchodzi leśniczy (tym razem w przebraniu przyrody) i kończy zabawę: wybuch wulkanu Xitle równa z ziemią Cuicuilco. Uchodźcy zalewają Teotihuacan, a jego populacja zwiększa się tak, że niektórzy szacują, iż mieszkało w nim wtedy 90 procent ludności Doliny Meksyku.

Nie wiadomo, kto kierował tam biurem planowania miasta, ale był to geniusz (lub geniusze). Dokładnie w czasach Jezusa powstała olbrzymia Piramida Słońca, której odpowiednikiem na drugim końcu ciągnącej się przez całe miasto (szerokiej na czterdzieści metrów) alei Zmarłych dwa czy trzy wieki później stała się Piramida Księżyca. Miasto miało czytelną, prostokątną siatkę ulic. Olbrzymią robotę wykonali spece od melioracji, biorąc w karby tamtejszą rzekę (nazwaną później San Juan), odpowiednio zabezpieczając (i nawadniając) tereny uprawne w mieście i pod miastem. W mieście, oprócz świątyń, działały targowiska, magazyny żywności, ale też boiska (grano w pelotę, wariacją na jej temat jest *squash*) i teatry. Ludność, mieszkająca w ogrodzonych murami osiedlach (warszawiacy czuliby się więc tam, jak w domu), zajmowała się rolnictwem, rzemiosłem, handlem. Jaki język usłyszelibyśmy na ulicach? *Totonac* lub *nahua*, który później rozwinęli Aztecy. To właśnie Aztecy nadali później temu miastu jego nazwę

(„Miejsce, w którym rodzą się bogowie"). Podejrzewa się, że to właśnie tu opracowano kalendarz, z którego później tak bardzo zasłynęli Majowie (są dowody, że zapuszczali się do Teotihuacan już w czasach Chrystusa).

Każdy, kto oglądał „Apocalypso", z pewnością nie może już utrzymać na wodzy fundamentalnego pytania: a czy składano tu ofiary z ludzi? Możliwe (najprawdopodobniej w świątyni Pierzastego Węża). Wbrew temu, co zdaje się twierdzić artysta Gibson, kultury prekolumbijskie nie opierały się i nie zajmowały się głównie wypruwaniem ludziom flaków (tak jakby nie zajmowali się tym, tylko trochę inaczej technicznie, późniejsi wysoce cywilizowani i schrystianizowani konkwistadorzy). Archeolodzy próbują odtworzyć system wierzeń obowiązujący w Teotihuacan, podejrzewając, że mógł być miejscem, w którym poczęło się (lub ukształtowało) wiele indiańskich mitologii. Co charakterystyczne – sztuka tworzona w tym mieście nie eksponuje postaci władców, kapłanów czy nawet bóstw, jest w znacznej mierze abstrakcyjna. Znaczenie Teotihuacan zacznie maleć po pożarze, jaki miał miejsce w VI wieku naszej ery. W wieku X podupadnie do szczętu.

Jak wspomniałem wyżej – mniej więcej w czasie, gdy Jezus przychodził na świat w grocie w Betlejem, mieszkańcy Teotihuacan zaczynali wznosić Piramidę Słońca na innej grocie, w której – ich zdaniem – dokonało się kiedyś rozdzielenie światła i ciemności, ognia i wody, dnia i nocy, Słońca i Księżyca. Groty i jaskinie były dla prekolumbijskich Indian miejscem o wielkim znaczeniu. Świat uważali oni nie za miejsce, a za żywy organizm, który żywi, ale też chce jeść (stąd ofiary składane różnym reprezentacjom ziemskich sił). Jaskinie miały być otworami w ziemskim ciele, takimi jak nasze oczy, uszy, usta. To właśnie w jaskiniach można więc było usłyszeć, zobaczyć, wyczuć, czym świat żyje i jak współżyć z nim, by dobrze przeżyć.

Obie piramidy, Słońca i Księżyca, ustawiono mniej więcej na osi północ–południe, odchylonej jednak o 15 stopni, tak by wszystko: obie świątynie i aleja Zmarłych (nb. tę nazwę też nadali ulicy *post factum* Aztekowie), tworzyły optyczną całość ze szczytem wygasłego wulkanu Cerro Gordo, z którego zboczy wypływały nawadniające całe to miejsce strumienie i które uznawane było za bardzo święte. Miejski architekt nie wiedział jeszcze, że światło przyjdzie na świat nie z Północy, a ze Wschodu. Ja wiem, ale gdy patrzę na sposób, w jaki zarządzam światem (ofiary z ludzi, nie krwawe, ale całkiem realne składam w nim co drugi dzień), nie mam wcale wrażenia, że owa geograficzna reorientacja na dobre mnie już przemieniła.

Rozdział XI

Joanna i Lidia.
Mistrzynie inwestycji.

Gdy zdarza mi się rozmawiać z osobami opisującymi się jako te, które „nie otrzymały łaski wiary", słyszę czasem argument, że uczniowie Jezusa i generalnie jego współcześni mieli łatwiej. Widzieli, dotykali, doświadczali tego, co dla nas – niemających doświadczeń spektakularnych uzdrowień albo objawień – pozostaje często niestety bardziej symboliczne niźli realistyczne. „Gdybym żył wtedy i spotkał Jezusa, i zobaczył to wszystko, co tamci widzieli – jasne, że bym uwierzył". Nic bardziej błędnego.

Ewangelia i Dzieje Apostolskie wyraźnie mówią, że choć rzeczywiście część z tych, do których dotarł przekaz Jezusa (lub o Jezusie) – uwierzyła, to zdecydowana większość, mimo iż miała dostęp do tych samych danych, nie zmieniła swoich ścieżek. W czasach gdy nie było Twittera i Snapchata, trudno oczywiście oczekiwać, by tych paręset tysięcy ludzi, którzy ściągnęli do Jerozolimy na Paschę roku 30 naszej ery, miało świadomość, że to nie w świątyni dziać się za chwilę będą najważniejsze w historii świata sprawy. Trzeba jednak zauważyć, że z Jezusem i jego uczniami przez ów rok (albo dwa lata) jego publicznej działalności miało jednak kontakt dobre kilkanaście, a raczej pewnie kilkadziesiąt tysięcy ludzi. Widzieli rzeczy, jakich oglądania możemy im szczerze zazdrościć: uzdrawianych chorych, wskrzeszanych zmarłych, tysiące jadły w cudowny sposób rozmnożone pieczywo i rybkę. Ilu widzimy przy Nim w chwili egzekucji? Oprócz katów – kilka osób.

Ta liczba oczywiście zwiększy się nieco po zmartwychwstaniu, gdy Jezus ukazywać się będzie kolejnym grupom uczniów, zanim – z okolic Betanii – po wypełnieniu swojej ziemskiej misji wróci powietrznym połączeniem do nieba. To jednak wciąż nie będzie sytuacja pozwalająca na to, by twierdzić, że każdy, kto zobaczył – uwierzył. Ba, nam jest o tyle łatwiej, że do naszego hamletyzowania możemy jednak dołączyć dwa tysiące lat naszej duchowej genealogii. Chrześcijaństwo jest jedną z największych religii świata, jako sprawdzony system moralno-etyczny cieszy się sporą estymą również u wielu niewierzących. W oczach wielu rówieśników Jezusa ruch przezeń założony był jednak po prostu kolejną żydowską sektą. Przyłączenie się do niej łączyło się z olbrzymim ryzykiem: logistycznym (Jezus nie miał swojego bloga, a więc żeby być w bieżącym kontakcie z Nim, trzeba było czasem zostawić wszystko, co się miało: rodzinę, dochody, uporządkowane życie), religijnym (wędrownych nauczycieli było wówczas w Palestynie wielu, czasy były gorące, a geopolityczne ciepło sprzyja namnażaniu się samozwańczych liderów), ale też prestiżowym. Jezus zbudował przecież swój ruch w oparciu o jedną z najniższych możliwych klas społecznych: Galilejczyków, rybaków, eks-opętanych, a nawet kolaborujących z okupacyjną rzymską władzą. Proszę sobie teraz wyobrazić, z jaką reakcją rodziny, sąsiadów, kolegów z pracy musiał się bardzo często spotykać komunikat: „uwierzyłem takiemu jednemu Jezusowi, cieśli z Nazaretu, i chcę iść za Nim". Dzika awantura to chyba jedna z najbardziej lajtowych sytuacji, jakich można by tu oczekiwać.

Tym większy szacunek trzeba mieć dla tych, co zaryzykowali i poszli. Zwłaszcza wtedy, gdy naprawdę mieli co tracić. Jedną z takich osób musiała być dwukrotnie wymieniona w Ewangelii z imienia dama o imieniu Joanna. Ewangelista Łukasz pisze: „Potem wędrował przez miasta i wsie, nauczał i głosił Ewangelię o królestwie Bożym. Towarzyszyło mu dwunastu oraz kilka kobiet, które uwolnił od złych duchów i od chorób: Maria zwana Magdaleną, z której wyszło siedem demonów, Joanna, żona Chuzy, zarządcy Heroda; Zuzanna oraz wiele innych, które im usługiwały, dzieląc się swoim majątkiem". Za drugim razem Joanna zostaje wymieniona w gronie kobiet, które po zamordowaniu Jezusa przyszły namaścić Jego ciało wonnościami, zgodnie z lokalnym zwyczajem, ale w grobowej pieczarze zastały tylko dwóch aniołów, którzy poinformowali je o zmartwychwstaniu. Panie natychmiast pobiegły z tym newsem do apostołów, którzy uznali, że koleżankom z rozpaczy zrobiło się coś z deklem („te słowa wydały im się tak niedorzeczne, że nie uwierzyli"). Co się stało – dotarło do nich dopiero, gdy spotkali się z samym Zainteresowanym (ale też nie od razu, bo najpierw Go nie rozpoznali).

Zawsze gdy podczas mszalnych czytań z ambony padają imiona współczesnych Jezusa albo towarzyszy podróży świętego Pawła, a później nikt nie ciągnie wątku, nie pyta o nich, nie tłumaczy, nie docieka, tylko zaraz znów zaczyna międlić, że to wolno, a tego nie wolno – robi mi się jakoś głupio, czuję poznawczy, ludzki niedosyt. Jasne, gdy świeci Słońce, gwiazdy chowają się w jego blasku (przecież w ciągu naszego dnia Wielka Niedźwiedzica nie znika, to Słońce jest tak jasne, że jej nie widać). Ci ludzie nie byli jednak przecież elementami scenografii, wyborcami, których wskazanie z imienia miało podnieść walory faktograficzne całej opowieści o przygodach Naczelnika Świata. Z szacunku do Niego, który wszak z Nimi jadł, pił, rozmawiał, martwił się o nich, a czasem może z nimi spierał – słowem: uznał ich za wartych tego, by budować z Nimi relację, fajnie by było wiedzieć o nich coś więcej. Nie stracić śladów, które zostawił w ich życiu.

Cała Ewangelia to przecież nie tyle teoretyczny „mission statement" Jezusa, ile zbiór historii o tym, jak działał w życiu ludzi. Historii opowiedzianych przez nich samych (a częściej przez tych, co spisali te relacje w kolejnym pokoleniu). Dlaczego by nie spróbować na chwilę przyjąć ich perspektywę? Zamknąć oczy, przenieść się w czasie o dwa tysiące lat, otworzyć je i rozejrzeć się wkoło ich oczyma. Dlaczego to, co spotkanie Jezusa zmieniło w życiu Piotra, ma być ważniejsze od tego, co stało się w życiu Joanny, mimo iż ona nie została pierwszym papieżem? Przecież to było jedyne życie, jakie miała do dyspozycji. I postanowiła zaryzykować je dla Niego. W czym mniejsza jest jej ofiara od ofiary, jaką złożyli Piotr, Jakub, Bartłomiej czy Tomasz?

Tym bardziej, że ryzykowała wiele. Jej mąż, wzmiankowany Chuza, mógł być naprawdę sporą szyszką na dworze Heroda Antypasa (tego, który zabił Jana Chrzciciela, a później przyłożył się do śmierci Jezusa). Najpełniejsze znane mi studium o Joannie popełnił (analizując tony tekstów innych naukowców, a przede wszystkim przeprowadzając dedukcję na bazie wszelkich dostępnych danych z epoki) profesor Richard Bauckham z najstarszej szkockiej uczelni, University of St. Andrews. Lektura jego opracowania wymęczyła mnie okrutnie, z naukowej rzetelności podejmuje on bowiem dyskusję z każdą supozycją o Joannie, jaka kiedykolwiek trafiła mu w ręce. Tak konkretne oczyszczenie pola wzmacnia jednak jego własne hipotezy na temat owej postaci.

Otóż zdaniem Buckhama Joanna (w hebrajskim to żeńska forma imienia Jan; autor wylicza, że było to wówczas piąte pod względem popularności imię żeńskie, prym dzierżyły tu Marie i Salome) pochodzić mogła z dobrze sytuowanej żydowskiej rodziny, może przyszła na świat w jednym z zameczków rozrzuconych po galilejskich wzgórzach. Wcześnie wydano ją za mąż, a wybrankiem rodziców (bo przecież nie samej Joanny) został nabatejski arystokrata (Nabatejczycy to semicki lud zamieszkujący wówczas tereny z grubsza rzecz biorąc dzisiejszej Jordanii). Przybył on na dwór Heroda Antypasa jako towarzystwo jego żony, nabatejskiej księżniczki (którą z kolei, jak wiemy, Herod później zostawił dla wrednawej Herodiady). Chuza, jak wynika z ustaleń Buckhama, nie był jakimś tam zwykłym dozorcą biznesów, ale kimś w rodzaju herodowego ministra finansów, nadzorującego skomplikowany system fiskalno-gospodarczy całych jego włości. Joanna mogła być jednak kobietą całkiem majętną nie tylko z uwagi na zajęcie męża. Mimo że zgodnie z ówczesnym zwyczajem kobieta, wychodząc za mąż, po prostu zmieniała właściciela – z ojca na męża, i sama nie dysponowała żadnym dobytkiem, to ponieważ potrzeba jest matką wynalazków, zaraz powstały oczywiście prawne „by-passy", które umożliwiały obejście tej zasady. W prawie rzymskim mieliśmy więc instytucję małżeństwa *sine manu*, czyli dosłownie: „bez ręki", kiedy to kobieta pozostawała *de facto* w rodzinie, z której pochodziła, mogła więc np. dziedziczyć po ojcu i robić z tym spadkiem, co chciała. W żydowskim obchodzono to np. tak, że tatuś robił córce dedykowaną darowiznę, która nie była włączana do posagu.

Prawdopodobnie mieszkała w Tyberiadzie, mieście wybudowanym przez Heroda w latach 17–22 i nazwanym tak oczywiście na cześć cesarza Tyberiusza, którego nasz żydowski królik starał się dopieścić, jak tylko potrafił (a jak się później przekonamy w rozdziale o małej Jotape, przedawkowanie przezeń wazeliny w relacjach z Rzymem nie przyniosło w końcu oczekiwanych rezultatów). Robił to również poprzez demonstracyjne przyjmowanie wzorców rzymskiej kultury i zachowania, z gorliwością każdego neofity, stającego na palcach i robiącego o wiele więcej, niż potrzeba, by zostać połechtanym w nowych towarzyskich kręgach. Małpować Rzym (który miejscami małpował starożytną Grecję) starali się też, rzecz jasna, jego dworzanie. Okoliczna ludność, prości Galilejczycy, szczerze nienawidziła tej (liczącej pewnie z 10 tys. ludzi) kosmopolitycznej elity swojego państwa, jej – jak to się ładnie określa po angielsku – „in the face" stawianych pałaców. Przede wszystkim uważali ich za złodziei (łupiących ich podatkami, za które Herod stawiał m.in. swoje wazeliniarskie cuda, oprócz Tyberiady również Seforis oraz – nazwane tak na cześć żony Oktawiana Augusta – miasto Liwia). Ponadto za zdrajców, a co gorsza – za odstępców od świętej wiary przodków. Mimo że Herod dbał o sprawianie pozorów pobożnego Żyda, każdy średnio rozgarnięty obserwator zdarzeń zdawał sobie pewnie sprawę, że to emanacja politycznego cynizmu, a nie rzeczywistego rozwoju duchowego. A Tyberiadę – rzecz dla pobożnego Żyda tragiczna w stopniu niewyobrażalnym, wybudował na starym cmentarzu (a więc każdy pobożny człowiek, który do niej zawitał, zaciągał rytualną nieczystość).

Być może Joanna, wraz z jeszcze jakimiś kobietami, prowadząc dworskie życie, próbowała też jednak zachować ważne elementy swojej tożsamości. Może nie była w tym sama. Może na dworze Heroda działało coś w rodzaju tajnych żydowskich kompletów, skrytego kółka modlitewnego kilku czy kilkunastu żydowskich pań. Wieść o działającym w okolicach (ale nigdy nieprzekraczającym granic miasta) cudotwórcy, uzdrowicielu i egzorcyście, Jezusie, oczywiście musiała krążyć po dworze. Ku frustracji Heroda nigdy nie udało mu się jednak Go zobaczyć, Jezus omijał jego miasta z daleka. Joanna wybrała inną strategię – sama poszła Go zobaczyć. Nie można wykluczyć, że podobnie jak inne towarzyszące Mu później damy, została przezeń wtedy uzdrowiona z jakiejś dolegliwości. Podjęła jednak zupełnie szaloną decyzję: dołączyła do wędrującej od wsi do wsi za Jezusem grupy, nie tylko zostawiając plusze, służbę i złote gadżety, ale dokonując też czegoś, co Bauckham nazywa malowniczo przekroczeniem „social gulf". Przystała do ludzi, którzy na takich jak ona reagowali pewnie jak przeorysza na Lady Gagę albo Kim Kardashian.

Włączenie Joanny do opowieści z pewnością było też celowym zabiegiem Łukasza. Chciał pokazać, że w grupie pewnie stu (może ciut mniej, może ciut więcej) osób, które stale chodziły za Jezusem, będąc świadkami Jego cudów i nauczania, byli ludzie wszystkich klas. *Message* jest tu taki: chrześcijaństwo to coś lepszego niż Android i iOS – to uniwersalna nakładka, która pasuje na każdy system pracujący w każdym z ludzi. Ani przez chwilę nie można tracić z oczu cywilnej odwagi Joanny: proszę sobie wyobrazić jeszcze paręnaście miesięcy wcześniej dworzankę króla, która dziś, jak to pięknie ujmuje Bauckham, „nawraca się na biedę", ostentacyjnie wspiera skazańca, którego zabija się za sprzeniewierzenie się cesarskiej władzy i zagrażanie integralności żydowskiej wspólnoty.

Joanna dołącza do rodziny. Z własnego, skromnego doświadczenia wiem, że to ważny punkt na drodze z Jezusem: uznanie, że On rzeczywiście jest moim bratem, nie synem Wielkiego Inkasenta Próśb, Demiurga albo Operatorem Taśmy Produkcyjnej Cudów. Co ona takiego w Nim zobaczyła? To, że ma centralnie w nosie hierarchię, która w dworskim (ale i politycznym, religijnym, naukowym) środowisku jest zawsze rzeczą świętą? Że człowiek zawsze jest dla niego ważniejszy od przepisu? Że nie gra na siebie, jak inni ówcześni wędrowni kaznodzieje? A może – że On ma realną moc, skoro była chora, a nie jest? Człowiek, który doświadczył działania Bożej mocy, nie potrzebuje przecież słów ani argumentów, on sam staje się kazaniem, argumentem, powodem, by uwierzyć. Czasem – paradoks – bywa i tak (zdarzyło się to Jezusowi), że z dziesięciu uzdrowionych tylko jeden wpada na pomysł, że to, co mu się właśnie przytrafiło, to nie zbieg okoliczności albo coś, co się człowiekowi po prostu należy. Może więc Jezus usłyszał od Joanny: „dziękuję" i tak potoczyła się cała ich wspólna historia?

O czym rozmawiali, gdy padnięci po całodziennej wędrówce w bliskowschodnim upale, docierali na wyżebrane miejsce odpoczynku. Ileż stron Ewangelii można by pewnie jeszcze zapisać z samych rozmów Mistrza z Joanną, kiedy ona o coś pyta, a On jej tłumaczy. Kiedy On o coś pyta, choćby o sytuacje z jej dotychczasowego środowiska, a ona dzieli się z Nim swoim życiem. To, co mamy dziś w Ewangelii, to kamienie milowe, jakże czasem chciałoby się zobaczyć biegnącą między nimi drogę! Będzie o co pytać apostołów w niebie. Wśród nich – Joannę, która wierzyła Jezusowi bardziej niż tym, którzy gorąco zapewniają, że podkopuje On dwa najważniejsze fundamenty jej własnej tożsamości.

Nie można wykluczyć (a raczej: trzeba przyjąć), że Joanna ze swoimi zasobami i pochodzeniem była prawdopodobnie jedną z głównych sponsorek całego ruchu Jezusa. Wspieranie przez zamożne kobiety religijnych przedsięwzięć nie było ani wtedy, ani później niczym nadzwyczajnym (patrz: królowa Salome, Aleksandra wspierająca faryzeuszy czy święta Paula, która utrzymywała świętego Hieronima i kupiła mu bibliotekę). Tu jednak – wciąż o tym pamiętajmy – Joanna wspiera Buntownika. Poza tym – nie jest wyłącznie sponsorką, ona staje się częścią ruchu. Model przezeń realizowany był kosztochłonny: uczniowie, którzy poszli za Nim, zostawili przecież najczęściej w domach rodziny, które trzeba było teraz jakoś utrzymać. Do tego dochodziły wydatki bieżące na jedzenie, ubrania, za noclegi. Koszty niematerialne (urazy na ludzkiej dumie, gdy wyrzucają cię skądś, albo zmordowanemu odmawiają kubka wody, bo zadajesz się z podejrzanym towarzystwem) też być może przychodziło apostołom płacić nieco łatwiej, gdy widzieli, że jest z nimi Joanna. A skoro jest to „większe od życia", to może nawet warte jest to zaryzykowania kiedyś własnej śmierci (jeśli ta myśl była w apostołach, to na tym etapie, rzecz jasna, dopiero w formie przebłysków, rozwinie się dopiero po Zmartwychwstaniu i Zesłaniu Ducha Świętego).

Bauckham snuje ciekawe spekulacje odnośnie do dalszych losów naszej Joanny. Zważywszy na to, że miała pieniądze (część pewnie zainwestowała w ruch Jezusa od razu w gotówce, część mogła sobie zostawić, by czerpać z tego długofalowe profity), że prawdopodobnie znała łacinę – mogła być jedną z pierwszych misjonarek, które wyruszyły ze wsparciem do tworzącej się wspólnoty chrześcijan w Rzymie (założyli ją Żydzi wracający z obchodów Paschy w Jerozolimie, gdzie usłyszeli apostołów nauczających o Jezusie). Bauckham utożsamia Joannę z wymienianą w Liście do Rzymian Junią, przekonując, że mogło to być drugie, rzymskie imię Joanny, przybrane przez nią jeszcze na dworze Heroda. Podobnie jak Chińczycy np. z Hongkongu mają dziś często dwa imiona: jedno chińskie, drugie – dla ułatwienia relacji międzynarodowych – angielskie, tak i wśród ówczesnej elity zdarzało się posiadanie imion krajowych i w wersji na eksport.

Paweł pisze w owym liście do rzymskiej gminy tak: „Pozdrówcie Andronika i Junię, moich rodaków, którzy przebywali razem ze mną w więzieniu. Cieszą się oni szacunkiem wśród apostołów, a do Chrystusa należeli wcześniej niż ja". Andronik – przekonuje Bauckham – to mogło być rzymskie imię Chuzy, które przyjął, gdy zdecydował się towarzyszyć żonie w jej nowej misji. Oboje poszli w końcu za to siedzieć, a jak skończyły się ich losy – nie mamy pojęcia. Prawdopodobnie Joanna przed śmiercią zdążyła jeszcze podzielić się swoimi wspomnieniami z autorami lub redaktorami Ewangelii Łukasza, stąd właśnie w niej po pierwsze jej imię, po drugie spora ilość „insajderskiej" wiedzy z dworu Heroda.

Takie apostolskie pary – małżeństwa, które wspierając się nawzajem, ruszały w świat, by opowiadać o Jezusie (jak to dziś ma czasem miejsce w neokatechumenacie), mogły być wówczas zjawiskiem bardzo popularnym. Bauckham pisze jeszcze sporo np. o innej trzecioplanowej bohaterce Ewangelii – Marii, żonie Kleofasa, który to prawdopodobnie był bratem świętego Józefa i który wraz z żoną miał powielić drogę Joanny i Chuzy. Mimo że narracja świętych pism jest zdecydowanie męskocentryczna, jest w nich naprawdę wystarczająca ilość tropów (zwłaszcza licznych żeńskich imion), by móc założyć, iż bez udziału kobiet chrześcijaństwa po prostu by nie było.

O czym przekonuje historia pierwszej znanej nam z imienia i zajęcia chrześcijanki w Europie, niejakiej Lidii, mieszkanki położonego w Macedonii miasta Filippi. Autor Dziejów Apostolskich okoliczności jej nawrócenia poprzedza dość wstrząsającym opisem ostrej kłótni między świętymi Pawłem i Barnabą, z której wyniknęło to, że drugi z nich (wziąwszy do pomocy Jana Marka) popłynął na Cypr, a Paweł z Sylasem wyruszył *per pedes* do Syrii. Po drodze dołącza do nich jeszcze Tymoteusz. Panowie kierują się zasadniczo na północny wschód, w stronę Morza Czarnego, w ich GPS zaczyna jednak ręcznie ingerować sam Pan Bóg. „Duch Święty zakazał im nauczać w Azji. Przyszli w okolice Myzji i zamierzali udać się do Bitynii. Ale znowu nie pozwolił im na to Duch Jezusa. Przeszli więc przez Myzję i doszli do Troady. Wtedy Paweł miał w nocy widzenie. Jakiś Macedończyk stał przed nim i prosił go: „Przepraw się do Macedonii i pomóż nam!". Po tym widzeniu staraliśmy się natychmiast wyruszyć do Macedonii. Byliśmy bowiem przekonani, że Bóg wzywa nas, by tam głosić Ewangelię". Paweł z kumplami przeprawiają się więc przez Morze Egejskie, lądują na naszym kontynencie, trafiają do znacznego miasta Filippi, ważnego dla Rzymu (który miał tu kolonię) ośrodka politycznego, wojskowego i gospodarczego.

Filippi – miasto znane od IV wieku przed naszą erą, gdy uczeń Arystotelesa, Teofrastes, rozpisywał się o tym, jak znakomicie udaje się tu hodowla fasoli i róż – leżało jakieś 15 km od portu w Neapolis (dziś grecka Kavala). Drogę z portu Paweł i towarzysze z pewnością przeszli pieszo, przekraczając Via Egnatia, biegnącą przez Filippi rzymską autostradę, dzięki której można było dotrzeć z Rzymu do Bizancjum w jedyne 24 dni. „W szabat wyszliśmy za miasto nad rzekę. Sądziliśmy, że jest to miejsce modlitwy. Usiedliśmy i rozmawialiśmy z kobietami, które się tam zebrały. Przysłuchiwała się nam też Lidia, pobożna kobieta z Tiatyry. Handlowała ona purpurą. Pan sprawił, że uważnie słuchała słów Pawła. Wraz z całym swoim domem przyjęła chrzest. Wtedy też poprosiła: „Jeżeli uznajecie mnie za wierzącą Panu, przyjdźcie i zamieszkajcie w moim domu. I wymogła to na nas". I tak właśnie my, Europejczycy, dzięki babci Lidii staliśmy się chrześcijanami.

O Lidii często wspomina się w pobożnej literaturze, zwykle są to jednak paruzdaniowe notki, eksploatujące przede wszystkim motyw: proszę spojrzeć – samodzielna bizneswoman, a też wierząca i praktykująca. Sensowną, wyczerpującą, a przy tym przystępną pracę poświęcił jej kanadyjski biblista Richard S. Ascough. Oczywiście, on też większość informacji próbuje wydedukować z kontekstu, ale obraz, który tworzy, trzyma się kupy, trudno zarzucić mu jakieś nieścisłości. Lidia jest tu więc zarobkową emigrantką, która przybyła do Europy z azjatyckiej Tiatyry. Dziś na miejscu Tiatyry stoi tureckie miasto Akhisar. Wykopaliska pokazują, że ten leżący na skrzyżowaniu kilku dróg handlowych ośrodek był ważnym ośrodkiem obrotu tekstyliami, w tym – pożądanymi przez najwyższe klasy społeczne – purpurowymi barwnikami (w Rzymie purpura była kolorem arystokracji: senatorów, ekwitów i triumfujących generałów). W tamtych czasach sporo kobiet pracowało właśnie w czymś, co dziś nazwalibyśmy przemysłem odzieżowym, sporo działało w branży spożywczej, inskrypcje i dokumenty mówią też o wielu specjalistkach w dziedzinie drogeryjno-perfumeryjnej.

Gdzie była Lidia w naszym roku 30? Prawdopodobnie już w Filippi, rozkręcała biznesy. Czy handlowała oryginalnym i ultradrogim barwnikiem zastrzeżonym dla bogaczy (tzw. purpurą cesarską, imperialną), wytwarzaną z rzadkiego skorupiaka o łacińskiej nazwie *Murex trunculus*, czy może raczej popularną w jej okolicach barwnikową podróbką, wyrabianą z *rubia*, czyli marzannowatej rośliny, która – nazywana „turecką czerwienią”, farbowała raz na bardziej fioletowo, raz na bardziej czerwono? Raczej opcja numer dwa. Wiemy jednak, że była kobietą dość zamożną, prawdopodobnie wdową. I co najważniejsze – mogła swobodnie dysponować całym swoim majątkiem (zapraszać do domu, kogo chce, uczestniczyć w nadrzecznych kółkach modlitewnych, wspierać finansowo tę czy inną grupę).

Jak to było możliwe? Może zawarła, opisywane już wyżej, małżeństwo *sine manu*. Może zaś skorzystała z innego wprowadzonego przez Oktawiana Augusta rewolucyjnego prawa, które miało na celu wzmożenie dzietności w wyludniającym się imperium (było to więc coś w rodzaju ówczesnego *500+*). Nazywało się to potocznie *ius trium liberorum* i polegało na tym, że wolne kobiety, które urodziły trójkę dzieci (i kobiety wykupione z niewolnictwa, które urodziły czwórkę), w uznaniu swych demograficznych zasług zostawały zwolnione z części podatków, a przede wszystkim wyjęte spod władzy zarządzających nimi mężów lub ojców, zyskiwały sporą samodzielność prawną i finansową. Uznawano, że dzieci to wkład w rozwój społeczeństwa, porównywalny, dajmy na to, ze służbą wojskową czy inną publiczną, kobiecie też należy się więc za to bonus (inna rzecz, że tak jak u nas prawo dyskryminuje rodziców jedynaków, tak tam prawo dyskryminowało kobiety żyjące w wolnych związkach albo bezdzietne). Augustowi nie ma się co za bardzo dziwić, w ówczesnym Rzymie połowa urodzonych żywo dzieci umierała przed swoimi dziesiątymi urodzinami, czterdziestych piątych urodzin dożywało 10 procent populacji, a sześćdziesiątkę celebrować mogło ledwie 3 procent Rzymian. Zwykle tych z wyższych sfer. Społeczne doły eksterminowały bowiem na co dzień choroby, niedobory składników odżywczych, pasożyty, brak sanitariatów.

Gdy doda się do tego powszechną praktykę wydawania młodziutkich dziewcząt za absztyfikantów starszych o średnio dziesięć lat – można wyobrazić sobie całkiem spore grono wciąż jeszcze młodych i sprawnych wdów, które – jeśli dały radę urodzić wymaganą przez prawo liczbę potomków – mogły cieszyć się wcale sporą niezależnością. Kto nam więc zabroni, idąc za wizją Ascougha, wyobrazić sobie Lidię właśnie jako radzącą sobie nieźle na rynku panią koło czterdziestki, w której wcale pokaźnym domu zamieszkuje wraz z nią potomstwo, współpracownicy tekstylni i służba z rodzinami? Jest w nim też wystarczająca ilość miejsca na przyjęcie ewentualnych gości. Niektórzy są zdania, że z imienia Lidii można wywnioskować, że była osobą wykupioną z niewolnictwa (jej rodzinne miasto leżało w prowincji Lidia, a imiona własne wyzwoleńców często pochodziły od miejsc ich pochodzenia). W momencie, w którym ją zastajemy, z pewnością należała do ponad połowy wolnych mieszkańców Filippi pochodzenia greckiego albo posługujących się językiem greckim (Rzymianie stanowili niespełna jedną trzecią spośród około

10–15 tys. mieszkańców miasta, reszta to niewolnicy). Być może była sympatyczką religii hebrajskiej (w Rzymie i jego koloniach była wówczas moda na pochodzące ze Wschodu wierzenia), stąd jej modlitewne spotkania z koleżankami. Być może łączyła, jak robiło wielu, judaizm z rzymskim politeizmem (archeolodzy znaleźli w Filippi ślady kultu 35 bóstw), wyznając coś, co fachowo nazywa się henoteizmem (czyli systemem, w którym wierzy się w wielu bogów, ale uznaje, że jeden z nich jest szefem wszystkich pozostałych). Być może miała w domu tak popularne w tamtych czasach *lararium*, czyli rodzaj kapliczki poświęconej opiekuńczym duchom danego domostwa, których lepiej było nie wkurzać. A – być też może – że owo nadrzeczne miejsce modlitwy było regularną synagogą, co jednak znaczy, że musiała ona być mocno postępowa, skoro mogły gromadzić się tam same kobiety, bez wymaganego zwykle męskiego *quorum*. Co jednak sprawiło, że po nadrzecznej pogawędce z Pawłem i kolegami zdecydowała się porzucić Dianę, Izis, Dionizosa i wszystkie inne składniki autorskiej sałatki religijnej, którą wraz ze swymi koleżankami konsumowała, i „uwierzyć Panu"?

Nie wiemy. Choć osobiście bardzo chciałbym to wiedzieć. Czym Paweł przekonał Lidię, czy opowiadaniem o tym, jak Jezus naprawdę, realnie, od ręki rozwiązywał życiowe problemy tylu ludzi? Czy o tym, jak pokonał największy lęk każdego – a zwłaszcza żyjącego tak krótko, jak żyło się wtedy – człowieka, śmierć? Może zadziałał tu efekt świadectwa: historia osobistego nawrócenia Szawła, człowieka wykształconego, o judaizmie wiedzącego wszystko, który rezygnuje ze swojego uprzywilejowanego statusu, kładzie na szali całe swoje życie i zaczyna robić to, choć naprawdę mógłby robić zupełnie coś innego? A może dyskusja zaczyna się od wymiany fachowych pytań i uwag; w końcu święty Paweł, gdy nie głosił, zarabiał na życie produkcją namiotów. Namioty zaś w tamtych czasach robiło się ze skóry. Praca przy skórze zaś nie była uznawana za specjalnie ponętną, zważywszy na konieczność używania przy tym opartych na moczniku substancji. W procesie farbowania tkanin również czasem ich używano. Może więc nawrócenie Lidii zaczęło się od czegoś, co po angielsku określa się mianem „small talk", może nie ma co wyklinać takich z pozoru nic nieznaczących rozmówek i przeć „do gęstego" roztrząsania z miejsca spraw najcięższego kalibru? Gdy Lidia wraca z przybyszami do domu i wszyscy – już pod jej wpływem – przyjmują chrzest, pada właśnie to, najważniejsze w całej tej opowieści zdanie: „uwierzyła Panu".

Ile osób udało jej się „zarazić" tą wiarą? W chwili gdy Paweł pisał swój List do Filipian, było ich pewnie kilkudziesięciu (trzy wieki później ta liczba mogła dojść do tysiąca). To naprawdę powinno pójść nam w pięty: nasza wiara w Europie zaczęła się nie od detalicznych debat o tym, co i kiedy Jezus zrobił i powiedział, ale od tego, że jeden człowiek uwierzył drugiemu człowiekowi (w tym wypadku Bogu). Na słowo. I od gościnności. Papież, kościół, parafie – to wszystko zaczęło się nie od tablicy z zakazami i nakazami, a od rozmowy (uwaga: nie wykładu), której skutkiem było stworzenie relacji. Autentycznej, nie zastrzyku inspirujących myśli, ale takiej, która realnie zmienia całe życie. Sprawia, że mój dom staje się domem innych ludzi (stał się nim naprawdę, bo Paweł z Sylasem w dość sensacyjnych okolicznościach trafiają do więzienia, a po cudownym wyjściu z niego idą do domu, do Lidii). Moje pieniądze przestają być wyłącznie moje. Przestaję też mieć przyszłość, bo przecież zawsze, gdy „ja" zmienia się w jakieś „my", nigdy nie można przewidzieć, jak zapracuje w czasie nowa mieszanka składników.

Patrząc na to, jak wygląda dziś w Europie (i w Polsce) choćby owa rezygnacja z posiadania i poczucia stabilizacji tudzież bezpieczeństwa na rzecz gościnności, można dojść do wniosku, że choć Lidia „uwierzyła Panu", a za nią poszły kolejne kobiety (a do nich dołączyli w końcu i mężczyźni) – my jeszcze tego nie zrobiliśmy. Zamiast jednak nurzać się po raz kolejny w kasandrycznych diagnozach i dylematach, może by wreszcie coś z tym zacząć robić?

Na przykład wziąć przykład z damy, która postanowiła wykorzystać swoją znajomość języka obcego nie do snucia dworskich pogaduszek, ale do poinformowania innych o czymś, co może stać się kluczową historią w ich życiu. I która pokazuje na sobie, na czym polega fenomen Bożej ekonomii: nie na dawaniu Bogu podarków w zamian za dostawanie od Niego podarków, ale na hojności człowieka, która staje się naturalną odpowiedzią na hojność Boga. Albo tej, która zamiast – jak wszyscy – wierzyć w istnienie jakiegoś boga, uwierzyła Bogu, zaryzykowała stwierdzenie: to On, a nie ktoś inny mówi prawdę, chcę za tym pójść na dobre, ale też oczywiście na złe (bo to w poważnych relacjach zawsze idzie w pakiecie).

Rozdział XII

Kuszanie. Wąsaci, acz bez przyszłości.

Gdy wyjedziemy z Jerozolimy na Wschód, po minięciu granic Judei, znajdziemy się najpierw w królestwie Nabatejczyków (mieli stolicę w chętnie odwiedzanej dziś przez turystów jordańskiej Petrze), raz wspierających Rzymian w trzymaniu za twarz Judejczyków, raz próbujących się z nimi bratać poprzez strategiczne małżeństwa i alianse. Następnie przedostać się będzie trzeba przez olbrzymie pustynie, na których piaszczystych bezkresach rządzą koczownicze arabskie plemiona. Za nimi zaś rozciąga się wielkie imperium Partów. W czasach swojej największej potęgi (tuż przed narodzeniem Chrystusa) zajmowało ziemie dziś należące do szesnastu państw (Iranu i Iraku, Arabii Saudyjskiej, Turkmenistanu, Kuwejtu, ZEA, Syrii, Turcji, a nawet Afganistanu czy Gruzji). Dziś wchodzi w dziejowy zakręt, z którego za dwieście lat wypadnie na dobre. Partowie próbują właśnie ułożyć sobie relacje z wielkim rzymskim sąsiadem (granica wytyczona na Eufracie nie jest szczególnie stabilna), a polem sporu staje się państwo buforowe, położona na północ od osi naszej podróży Armenia. Partowie padali, zdaje się, ofiarami zjawiska, dotykającego znaczną część fajnie rozwijających się biznesów, państw i organizacji, które umieją wspinać się na szczyt, ale po jego osiągnięciu okazuje się, że dużo trudniejsze od wykuwania pozycji jest zarządzanie sukcesem. W Mezopotamii (czyli dosłownie: krainie między rzekami, Eufratem i Tygrysem) znajdujemy dziś np. piękne, dwumetrowe figury z brązu, przedstawiające ówczesnych dostojników (wyglądających z niepokojącymi wąsami, jak skrzyżowanie legendarnego Lecha z Adamem Małyszem z początków jego kariery). Kwitnie architektura, rolnictwo wchodzi na technologiczne wyżyny, rozwija się handel (na Jedwabnym Szlaku) i sztuka. Dwieście lat później, pewnie w czasach praprapraprapraprawnuków brązowego wąsacza, po imperium Partów nie będzie już jednak śladu.

W czasach Jezusa Chrystusa – jakby mało mieli problemów sami ze sobą (w państwie Partów, ze względu na jego rozmiar, niełatwo było utrzymać spójność) i z butnym sąsiadem z Zachodu, poważny kłopot zaczynają mieć też na Wschodzie. Powstaje tam imperium Kuszanów, a w 30 roku na jego czele staje niejaki Kujula Kadphises (fajne imię, ale imiona kolejnych królów brzmią po polsku jeszcze fajniej: Kuniszka, Wasiszka, Huwiszka). Kuszanie byli federacją (prawdopodobnie) indoeuropejskich plemion żyjących na terenach dzisiejszych zachodnich Chin. Część z nich została na miejscu (miksując się z Ujgurami), część, okrążając Himalaje od zachodu, ruszyła do północnych Indii i tam zorganizowała państwowość, która wkrótce zaczęła dzielnie iść na południe oraz wykrajać sobie coraz to większe kąski ze wschodnich rubieży kraju Partów i nienależących do nich formalnie okolic (rejony dzisiejszego Pakistanu i Afganistanu), aż po Morze Aralskie w dzisiejszym Kazachstanie i Uzbekistanie (które na skutek szaleńczej działalności radzieckich speców od irygacji plantacji bawełny – dziś *de facto* prawie wyschło).

Kuszanie byli bardzo bogaci, kontrolowali handel idący Jedwabnym Szlakiem. Żyli też w samym środku wrzącego kulturowego tygla. Sporo wzięli z kultury greckiej – język i sporo kultury zostawiło tu imperium Seleucydów, założone przez jednego z dowódców Aleksandra Wielkiego, a zwłaszcza jedna z jego niegdysiejszych części: położona między Hindukuszem a Amu-darią Bactria. Część z nich wyznawała zoroastrianizm, niektórzy z władców mocno promowali buddyzm. O ich podbojach można by napisać habilitację (i koniecznie dołączyć do niej zestaw dokładnych map, przeglądając kolejne opracowania o Kuszanach, Partach, Indo-Scytach, nie mogłem oprzeć się wrażeniu, że każdy z historyków, będący fanem któregoś z królestw, nadaje mu na własność ziemie, które z kolei jego koledzy, zakochani w innym ludzie, przypisują swoim faworytom). Tak czy siak – w chwili gdy w Jerozolimie dzieją się najważniejsze rzeczy w dziejach świata, między Rzymem a Chinami wcale nie zieje pustka. Przeciwnie: jedwab mija się na drogach ze złotem, królestwa upadają, a na ich miejsce natychmiast powstają nowe. Kujula Kadphises bije swoje monety i trafia do chińskich kronik. A melony w Kotlinie Fergańskiej (w dzisiejszym Uzbekistanie, Kirgistanie i Tadżykistanie) były pewnie tak pyszne, jak są dzisiaj, czyli (bez ściemy) najpyszniejsze na świecie.

Te ziemie wkrótce (za jakieś kilkanaście lat) ze sprawą Chrystusa połączy inny lokalny władca, król Gondofernes (znany też jako Gudnafar). O nim i o jego rządach w północno-zachodnich Indiach (najwyraźniej odbitych Kuszanom) donosi malowniczy apokryf, Dzieje Apostoła Judy Tomasza. Historia zaczyna się od tego, że apostołowie rzucają losy, wybierając, gdzie który ma iść do misyjnej pracy. Na Tomasza wypadają Indie, ale ten upiera się i twierdzi, że tam nie pojedzie. Pan Jezus próbuje go przekonywać (w widzeniach), w końcu organizuje podstęp. Objawia się kupcowi Habbanowi, który przybył do Jerozolimy z kraju króla Gudnafara, i mówi, że chętnie sprzeda mu niewolnika – cieślę, którego ten szuka. Po czym sprzedaje mu Tomasza, a ten jak niepyszny musi ruszyć do Indii razem z Habbanem (wyposażony tylko w pieniądze, jakie za niego dano, Pan wielkodusznie je Tomaszowi zwrócił). Opisy pierwszych przygód Tomasza na królewskim dworze w Indiach są inspirujące. Tomasz, wezwany do pobłogosławienia małżeństwa królewskiej córki, robi niemałe zamieszanie. Przygotowuje ideologiczny grunt pod nocne ukazanie się Jezusa, który – znów psikus – występując pod postacią Tomasza, namawia parę, by nigdy nie uprawiała seksu i w ten sposób zasłużyła na wieczne rozkosze (stary patent gnostyków; Dzieje Tomasza to mix wielu ortodoksyjnych i heretyckich smaków). Młodzież, nawrócona oczywiście przy okazji na chrześcijaństwo, swoimi neofickimi deklaracjami doprowadza króla do szału, Tomasz w cudowny sposób znika jednak z pola widzenia.

Fajniejsze jest jednak równoległe opowiadanie o początkach działalności Tomasza w Indiach. Miał on zbudować królowi piękny pałac (po to potrzebny był mu cieśla). Król przeznaczył na ten cel spory budżet, Tomasz jednak pod jego nieobecność rozdał go biedakom. Król się wściekł, a wraz z nim jego brat, Gad, który z owej wścieklicy wziął i zmarł. Na tamtym świecie pozwolono mu wybrać sobie rezydencję, gdy jednak zbliżył się do najpiękniejszej z pięknych, okazało się, że jest to pałac, który Tomasz wystawił królowi po tamtej stronie chmur. Gad ubłagał aniołów, by pozwolili mu wrócić do Indii i opowiedzieć o wszystkim bratu. Tak się dzieje, wszyscy rzecz jasna zostają chrześcijanami i żyją później długo i szczęśliwie. Piękna bajka? Przez wieki tak właśnie sądzono. Do czasu, gdy archeologom udało się wykopać monety z epoki sygnowane przez Gondofernesa, znak, że taki król rzeczywiście w tym czasie żył i panował na ziemiach dzisiejszego wschodniego Iranu i północno-zachodnich Indii. Czy faktycznie spotkał się tam w latach 40. z Tomaszem? Najstarsi kościelni historycy (Orygenes, a za nim Euzebiusz i Sokrates Scholastyk) piszą, że Tomasz ewangelizował Partów. A skoro Partów, to może i tuż za miedzą? U Indo-Scytów Gondofernesa? Może u Kuszanów? Bartłomiej, inny z apostołów, uważany jest przez tradycję za założyciela Kościoła w południowo-zachodniej części Półwyspu Indyjskiego (zwanej Malabarem), który później połączył się pewnie z tym Tomaszowym z północy. Powstała grupa chrześcijan, która w zupełnym odcięciu od toczonych w okolicach Rzymu i Bizancjum sporów przetrwała długie lata, hołubiąc najdawniejsze chrześcijańskie tradycje. Dziś spadkobiercami tej tradycji, pozostającymi w łączności z Rzymem (zaprowadzonej tam, rzecz jasna, przez misjonarzy z Europy w dobie wielkich odkryć), są kościoły syromalabarski i syromalankarski.

Rozdział XIII

Niewolnik Primus. Pradziadek Sophii Loren, prawnuk pradziadka Katona.

Pozzuoli, niespełna stutysięczne miasto, będące *de facto* częścią aglomeracji Neapolu, znane jest dziś głównie z tego, że dzieciństwo zechciała tu spędzić Sophia Loren, wzniosłe natchnienie i gorące westchnienie tysięcy mężczyzn, którzy mieli to szczęście, by w dojrzałość wkraczać w latach 50. i 60. ubiegłego wieku. To tu 15-letnia Sophia wygrała konkurs piękności o charakterystycznym dla Włochów patetyczno-poetyckim tytule „Królowa morza" i wyjechała do Rzymu, by odtąd nieprzerwanie zdobywać fanów, których liczba w mgnieniu oka przekroczyła liczbę mieszkańców Cesarstwa Rzymskiego.

Niespełna dwa tysiące lat przed Sophią Loren w Pozzuoli, które wtedy nazywało się Puteoli, mieszkał niewolnik Primus. Był on agentem celnym, spedycyjnym i handlowym, i pracował dla rezydującego w Rzymie kupca Publiusa Attiusa Severusa. Puteoli było wówczas gigantycznym portem, największym na rzymskim kontynentalnym południu, obsługującym znaczną część handlu morskiego republiki, a później cesarstwa. O istnieniu Primusa wiemy z dokumentu pożyczki w wysokości tysiąca denarów, jakiej udzielił on w imieniu swojego szefa Menelausowi, kupcowi z terenów dzisiejszej Turcji, który potrzebował kasy, jeszcze zanim uda mu się dowieźć swój ładunek z Puteoli do położonej koło Rzymu Ostii. Co wiózł Menelaus? Ostry sos ze sfermentowanych ryb nazywany *garum*, uwielbiany przez wielu rzymskich smakoszy i znienawidzony przez jeszcze szerszą rzeszę tych, którzy nie znosili wydzielanego przezeń smrodu. Zdaje się, że Primus wraz z kierownikiem specjalizowali się w handlu tym paskudztwem, na co wskazują odnalezione w porcie, opieczętowane imieniem Severusa amfory z *garum*, pochodzące np. z Półwyspu Iberyjskiego.

Nie można wykluczyć, że Primus, mimo że formalnie niewolnik, ekonomicznie miał się dużo fajniej od właścicieli statków, z którymi współpracował. Gospodarka Rzymu nie wykształciła jeszcze w interesującym nas okresie poważnej klasy średniej – licznej kasty zamożnych usługodawców czy kupców. Transport morski (preferowany ze względu na wysokie koszty i uciążliwość transportu drogowego) opierał się na systemie: jeden właściciel – jeden statek; większe jednostki, jak choćby słynna, mogąca zabrać tysiąc ton ładunku *Isis*, opisywana przez Luciana w jego dziele *Navigium*, były budzącym sensację u fachowców wyjątkiem.

Nasz bohater spokojnie mógł być rówieśnikiem Jezusa z Nazaretu. Skoro pracował w porcie

– pod koniec swego życia mógł o Nim usłyszeć od żeglarzy, wykonujących w ówczesnym świecie robotę współczesnych światłowodów, przenoszących wszelkie: ważne i błahe, informacje na duże odległości (chrześcijaństwo dotarło zresztą do Rzymu bardzo szybko wraz z podróżującymi do Jerozolimy i z powrotem Żydami z diaspory). To oczywiście jednak tylko niesprawdzalna hipoteza. Za pewnik zaś możemy uznać, że ów niewolnik – profesjonalista wiedział sporo o tym, co dzieje się w znacznie bliższej niż Bliski Wschód okolicy, na przykład w północnej Afryce. To z niej płynęło bowiem do Rzymu nieprzerwanym strumieniem ziarno, ogromne morze ziarna. Szacuje się, że przez Puteoli przechodzić mogło nawet 100 tysięcy ton ziarna rocznie (czyli połowa z 200 tysięcy ton, jakich potrzebował wówczas stołeczny Rzym, by wykarmić milion swych mieszkańców). W zdecydowanej większości pochodzącego z Afryki, italska ziemia nadawała się bardziej na pastwiska i uprawę winorośli, oliwek czy owoców niż do uprawy zboża.

Za czasów Jezusa Afryka Prokonsularna wraz Egiptem pokrywały całość zapotrzebowania stolicy na zboże (ta pierwsza miała zabezpieczać Rzym przez osiem miesięcy, ten drugi – przez cztery kolejne). I to wliczając w ten rachunek fantazje kolejnych cesarzy, którzy z rozdawnictwa pożywienia robili czasem jedno z podstawowych narzędzi utrzymywania społecznego poparcia albo raczej – powstrzymywania erupcji społecznego niezadowolenia ludności, której zdecydowana większość zaliczała się albo do biedoty, albo do skrajnych nędzarzy. Nic dziwnego, że Afryka stała się prawdziwą perłą w cesarskiej koronie, miejscem, do którego wysyłano na rządy najbardziej zaufanych ludzi. Bliższy rzut oka na stosunki gospodarcze ówczesnego Rzymu – i aż by się chciało trzasnąć książkę poświęconą w całości podobieństwom tegoż do współczesnej Rosji (albo dowolnej afrykańskiej paradyktatury). Najpierw kradnie się trochę wspólnej kasy, później za tę kasę dochodzi do władzy, władza służy do napędzania kolejnej kasy, ta pozwala zdobyć jeszcze większą władzę – i wkrótce budzimy się w rzeczywistości, w której przeciętny człowiek (Rzymianin) może się uważać za poważnego farciarza, jeśli uda mu się zarobić w ciągu dnia na choćby jeden posiłek, znaleźć miejsce na nocleg pod schodami jakiejś rezydencji, wyszykować coś w rodzaju namiotu przyczepionego do ściany budynku albo wynająć przypominającą dzisiejsze slumsy Rio czy Kapsztadu klitkę (klitki oczywiście posiadali i wynajmowali za horrendalne czynsze bogaci). Podobieństwa między tym, co dzieje się dziś nad Moskwą (albo nad rzeką Kongo czy w Angoli), i co działo się za czasów Chrystusa nad Tybrem, można wyliczać w nieskończoność. Chciałeś robić biznes? Musiałeś zgłosić się do władzy. Władza owszem, dawała ci szansę, by pobrykać w obszarze przedsiębiorczości, ale musiałeś odpalać jej za to procent. Ci, co dostali, mają coraz więcej, więc są w stanie wykupywać tych, co mają mniejsze udziały. Powstają wielkie fortuny, które czasem muszą ugiąć się jednak przed wielkim szaleństwem. Historyk Pliniusz opisuje, jak to cesarz Neron skazał na śmierć sześciu panów, którzy „posiadali pół Afryki".

Żeby rozkraść, trzeba najpierw precyzyjnie oszacować wielkość łupów. Prawdopodobnie mniej więcej w tym czasie, gdy Primus spisuje umowę pożyczki z Menelausem, na ziemiach dzisiejszej południowej Tunezji, znajdującej się pod rzymską okupacją, dobiega właśnie końca proces centuriacji: dzielenia ziemi na równe, prostokątne działki, wielkości około 50 ha każda. Rzymianie dzielą teraz to, co zdobyli, zdławiwszy trwające siedem bitych lat powstanie Takfarinasa, wodza pasterskiego numidyjskiego plemienia Musulamiów, do którego wkrótce dołączyli i inni, ciężko wkurzeni na rzymskie panoszenie się w regionie. Jak każdy poprzedni powstańczy ruch koczowniczych plemion niezgadzających się na porządki okupanta, także i ten bohaterskie legiony utopiły we krwi, a wydarte mieszkającym tu od tysięcy lat ludom ziemie ładnie posztukowano, by posłużyły jako paliwo do kolejnych imperialnych biznesów i robienia brudnej polityki.

Po co to robiono? Dla porządku, Rzym kochał przecież porządek. Z czasem okazywało się też jednak, rzecz jasna, że porządnie podzieloną ziemią dużo łatwiej się zarządza: sprzedaje, scala majątki, prognozuje zyski etc. Gra idzie o naprawdę olbrzymie pieniądze bardzo ważnych ludzi. Ta część Afryki, w której teraz jesteśmy (a więc dzisiejsza Tunezja i kawałek Libii, tzw. Afryka Prokonsularna), była prowincją formalnie należącą do senatu (bezpośrednio do cesarza należał sąsiedni Egipt). Panowie senatorowie (którym osobiście nie wolno było prowadzić handlu) przez firmy słupy tworzyli ziemskie oligopole. Zasadniczo rzecz biorąc, w czasach Chrystusa północna Afryka zaczyna wyglądać, jak współczesna Brazylia (gdzie 3 procent populacji jest w posiadaniu 2/3 ziemi uprawnej). Albo Salwador, który był do niedawna bezpośrednią własnością pięciu czy sześciu wielkich rodzin (które nadal robią to, co robiły, tyle że teraz przez misternie splecione ze sobą sieci wielkich firm).

Powoli zaczyna formować się w tych megaposiadłościach system kolonatu, młodszy brat tak dobrze nam znanej z historii Polski pańszczyzny (we wspomnianej Ameryce Łacińskiej spotykany nadal i bardzo popularny). Tysiące ludzi wygnanych ze swoich rodzinnych ziem, zagarniętych przez nowych właścicieli, ci, na których działkach wybudowano miasta, albo ci, którzy do tej pory byli koczownikami (ale nie da się przecież być koczownikiem na polu jakiegoś arystokraty) – oni wszyscy musieli znaleźć nową pracę. Nowe, wielkie domeny potrzebowały pracowników. Byli rolnicy zgłaszali się więc do tych rzymskich prywatnych PGR-ów, gdzie przez całe życie uprawiać jednak musieli ziemię wydzierżawioną im przez potentata, opłacając się mu mniej więcej jedną trzecią wyhodowanych plonów. Kolonat na tych terenach szybko wypierał niewolnictwo: był po prostu lepszym dealem. Nie trzeba było wykładać znacznej kasy na zakup niewolnika, poza tym chłop w systemie kolonatu pracował w (złudnej) nadziei, że uda mu się jednak coś więcej w życiu zrobić, nie trzeba było go więc pilnować czy szukać jakichś motywacyjnych wzmocnień. Gdy kolon zaczynał „mieć bulwersy" – odcinało się go np. od źródła wody (albo podnosiło mu opłaty za korzystanie z niego) i buntowniczy nastrój zaraz się kończył. Ekonomiczny samograj.

Rzymianie są na tych terenach od jakichś dwustu lat, przynosząc na kontynent wszystko, co najgorsze: wojnę, krew, wyzysk, okrucieństwo, zdradę, ocean cierpienia. Jasne, przedtem też raju tu nie było: walki plemion między sobą (a ślady osadnictwa mamy tu od czasów paleolitu, ludzie żyli w Maghrebie od dwóch milionów lat), później – rozpychanie się w okolicy fenickiej kolonii, Kartaginy (która też nieźle, choć jednak nie tak jak współczesne państwa, łupiła miejscowych, domagając się 25 procent ich dochodów). Następnie jej zaangażowanie w konflikty z Grecją, a później z Rzymem, które skończyły się znanymi z lekcji historii wojnami punickimi, bohaterskimi szarżami Hannibala, nieumiejącego jednak odeprzeć stale zasilanych posiłkami z drugiej strony Morza Śródziemnego wojsk republiki. Z lekcji historii pamiętamy też Katona, który każde swoje przemówienie w rzymskim senacie, niezależnie od tego, czego by dotyczyło, kończył frazą: „Zresztą sądzę, że Kartagina powinna zostać zburzona".

I nie kierowały nim wyłącznie czyste pobudki patriotyczne, chęć pozbycia się potencjalnego niebezpieczeństwa tuż u rzymskich granic (Rzym i Kartaginę dzieliły trzy dni drogi statkiem). Marek Porcjusz Katon (zmarł w 46 roku przed Chrystusem) był bowiem nie tylko wielkim sknerą i moralizatorem (pod niebiosa wynosił rodzinę, skrupulatnie przestrzegał prostej diety, ciuchy kupował wyłącznie najtańsze, „zużytych" niewolników radził sprzedawać zamiast ich karmić). Był też wcale prosperującym przedsiębiorcą, autorem podręczników rolnictwa, w których znajdują się też np. refleksje dotyczące optymalnych sposobów przygotowania ciasta. A także szefem senackiej komisji, która przed trzecią, rozstrzygającą wojną punicką udała się do Kartaginy, by przesądzić o jej dalszym losie. Senatorom, gdy zobaczyli kartagiński dobrobyt i żyzność tutejszej ziemi, zaświeciły się oczy. Katonowi zaś, poza perspektywą otwarcia pól do nowych interesów (a miał ich sporo: inwestował w nieruchomości, w handel morski, prowadził nawet działalność polegającą na kupowaniu niewolniczych dzieci, „hodowaniu" ich, a później odsprzedawaniu z zyskiem; miał też w swoim majątku dom publiczny, w którym za niewielką opłatą jego personel mógł ulżyć swoim chuciom) „to właśnie wydawało się groźne, by tłumowi pijanemu wolnością i popełniającemu wiele błędów miało wisieć nad głową miasto w każdym razie wielkie, a teraz jeszcze trzeźwe wskutek przeżytych niepowodzeń i strat. Raczej należało całkiem wyplenić zewnętrzne zagrożenia hegemonii, a usuwanie błędów wewnętrznych zostawić sobie samym" (cytat z życiorysu Katona pióra Plutarcha).

Za radą tego rzymskiego państwowca i wielkiego ewangelizatora upraw ziemnych jedno z najwspanialszych miast ówczesnego świata zostało więc zniszczone do szczętu. Ponad sto tysięcy ludzi wybito, pięćdziesiąt tysięcy wygnano, budynki metodycznie wyburzono, ziemię zaorano i oficjalnie wyklęto. Rzymianie rozpoczęli okupację wojskową i gospodarczą, a wpływy z rolnictwa, a nawet zbieranie podatków i tam zaczęły kontrolować – jako się rzekło – prywatne spółki rzymskich obywateli, z których zysków procencik pobierali udzielający im koncesji politycy. Rzymianie szczuli jednych lokalnych władców na drugich, rozpoczęli proces osiedlania na co lepszych kawałkach ziemi weteranów rzymskich wojen, a te najlepsze – sprzedawali, każąc płacić za nie jak za zboże.

To chyba gdzieś w tych właśnie chronologicznych okolicach lokować należy wybicie się na powierzchnię dostrzegalnych sygnałów, że wielki Rzym (co ostatecznie stało się za parę wieków) może się zawalić. Jak pisze Stanisław Łoś w znakomitej monografii poświęconej Katonowi (naprawdę warto przeczytać, by detalicznie poznać wszystkie jego cudactwa i dziwactwa), Rzym rozwinął się za szybko, by za tym rozwojem nadążyć. Był już regionalnym imperium, ale jego struktury nie zmieniły się od czasów stosunkowo skromnego państwa-miasta. Całkiem sensownie pomyślany republikański system władzy, w którym wszystkim rządzi lud przez obieralnych urzędników, okazywał się coraz bardziej niewydolny, gdy liczba ludności zwiększała się skokowo wraz z kolejnymi podbojami i szybko doszło do sytuacji, w której więcej niż trzecia część Rzymian nie była Rzymianami, ale np. pochodzącymi z podbitych terenów wyzwoleńcami. Łoś nie pisze tego wprost, ale w wielu miejscach pozwala się domyślić, że Rzym rozłożyła od środka tak naprawdę również... cywilizacja grecka. Obecna dużo wcześniej w wielu miejscach, które synowie wilczycy najechali, zaszczepiła miejscowej ludności nie tylko miłość do teatru czy sympozjonów, ale też uformowała ich psychikę w opozycji do wzorców, na których ufundowano Rzym. W Rzymie, u jego początków, liczyło się państwo, służba, dane słowo, ciężka praca – świat był rzemieślniczym zakładem, małym domem z ogródkiem. Grecja żyła w debacie, w tworzeniu, na Olimpie. W Grecji kwitła retoryka, a niektórzy z autorów jawnie szydzili nawet z jej rozwoju, opisując debaty ludzi z bogami, w których ci ostatni zostają w końcu zapędzeni w kozi róg siłą sprytnie układanych argumentów. Jasne, Grecy potrafili też toczyć wojny, stworzyli też w końcu politykę, rozszerzając horyzonty Rzymian, zabrali im jednak też fundament, na którym ci stali. Ich – chciałoby się powiedzieć kategoriami nowożytnej Europy – mentalny protestantyzm.

Katon był więc epigonem odchodzącego bezpowrotnie świata. Po uszy zanurzony już w kapitalizmie, snuł swoją rolniczą mitologię, może z tęsknoty, może w autentycznym przekonaniu, że ludzkie życie powinno mieć pokrycie w czymś niewątpliwym. Osobiście orał pole, do końca życia wydawał dziennie na swoje potrzeby nie więcej niż 30 asów (określona w jednej z ustaw wprowadzonych na czas wojny punickiej granica, za którą zaczyna się zbytek), jego Rzym w końcu jednak upadł, bo za późno zrozumiał, że choć światem można próbować zarządzać, nie da się go posiadać. Z tego samego zresztą powodu upadają w końcu wszystkie wielkie fortuny – proszę mi wskazać jedną, która trwa nieprzerwanie od paru tysięcy lat; świat to zbyt złożony mechanizm, by pozwolić przetrwać dłużej niż kilkaset lat i dzisiejszym Rockefellerom, *sic transit gloria mundi.*

A podkreślany często przez historyków walor rozprzestrzeniania przez Rzym po całym bożym świecie wysokiej i pełnej wzniosłych wartości cywilizacji? Jasne. Tyle że Rzymianie robili to, w istocie nie wyzbywając się mentalności prowincjonalnego rolnika, który chce wycisnąć, ile się da z rosnącego stada. Przez nadpustynne pustkowia pociągnęli drogę, by móc łatwiej przemieszczać swoje wojska. W kolonialnych miastach ponastawiali posągów swoich bóstw i cesarzy. Sprzymierzonym plemiennym władcom (i arystokracji, w zależności od tego, który z czynników w danym momencie opłacało im się popierać) zapewniali błyskotki: dostęp do rzymskich wspaniałości rozrywkowych, kulturalnych i zewnętrzne znamiona statusu. Pięknym przykładem tego, jak Rzym rozumiał poszanowanie tożsamości lokalnych ludów, jest historia króla Numidii i Mauretanii, Juby II, wychowanego w Rzymie wiernego klienta imperium, człowieka wszechstronnie wykształconego, opiekuna artystów, miłośnika sztuki i wielkiego prorzymskiego wazeliniarza, gotowego wystawić wojska u boku legionów, by zabijały swoich pobratymców. Juba II był żonaty z Kleopatrą Selene, owocem romantycznej miłości Marka Antoniusza i Kleopatry, a ich synem był z kolei Ptolemeusz, ostatni król Mauretanii, którego cesarz Kaligula zaprosił na jakąś fiestę do Rzymu, by go tam po prostu zabić, jego kraj podzielić na dwie prowincje, rozsiać tam ośrodki kultu cesarskiego. Czyli politycznie, duchowo i finansowo zgwałcić.

W późniejszych latach Rzymianie nie będą mieli w Afryce Północnej łatwego życia. Napięcie między autochtonami, którzy za Chiny Ludowe nie chcieli wyrzec się swojego koczowniczego stylu życia, a naciskającą na urbanizację i osiadłe rolnictwo rzymską administracją co rusz będzie kończyło się kolejnymi powstaniami. Rzymianie zaczną w końcu tworzyć rezerwaty dla koczowników, budować zabezpieczające przed nimi fortyfikacje, rozwijając przy tym na ogromną skalę rolę Afryki jako ogrodu całego rzymskiego imperium. Za sto–dwieście lat Afryka stanie się schronieniem dla chrześcijan, wypieranych przez kolejne fale prześladowań z innych obszarów państwa. W afrykańskich miastach wyznawcy nowej nauki też będą, rzecz jasna, trzebieni, tu jednak ich spór z rzymską władzą zyska nowy kontekst: w Afryce, której rdzenni mieszkańcy nie dadzą miastu wilczycy zapomnieć, do kogo należy ta ziemia. Wtedy już gołym okiem widać będzie coś, czego nasz Primus mógł się tylko domyślić. Coś, co za jego czasów było ledwie pojawiającym się wietrzykiem, przybierze postać huraganu, a historia Imperium Romanum zbliży się do końca.

Rozdział XIV

Jotape, bratanica Herodiady. Głuchoniema ofiara ślepoty.

Nie upłynie dekada, a Herod Antypas, ten, przed którym stanął Jezus tuż przed swoją śmiercią – skończy smętnie i źle. Zanim to jednak się stanie, przejdzie do historii jako jedyny obok świętego Piotra człowiek, którego Chrystus werbalnie potraktował z buta (Piotra, tłumaczącego Mu, by nie wygłupiał się z jakimś tam umieraniem za ludzkość, nazwał „szatanem", Heroda – zdecydowanie bez sympatii – „lisem"). Oraz jako ten, który był na tyle głupi, by po pijaku obiecać kuszącej gimnazjalistce wszystko, czego zapragnie, i doprowadzić w ten sposób do śmierci „największego z ludzi", lubianego skądinąd przez siebie i szanowanego proroka Jana Chrzciciela.

Herod Antypas to rodzony syn owego Heroda, który wymordował betlejemskie niewiniątka (choć nie tylko – zamordował też np. jedną ze swoich żon, Mariamme, słynącą podobno z urody oraz trudnego charakteru). Był władcą dwóch palestyńskich dzielnic, Galilei i Perei. Jego tatuś – przez chrześcijan uważany za potwora, przez wielu Żydów (zwłaszcza współczesnych, nie tych, którzy musieli żyć pod jego butem) – przeciwnie, za wcale wybitnego władcę. Budował jak oszalały i Antypas też chciał iść w jego ślady. Wybudował sobie m.in. Tyberiadę, nazwaną tak oczywiście na cześć trzymającego już Bliski Wschód za twarz rzymskiego cesarza (a miasto Beth Haran, na cześć żony Oktawiana Augusta, zaraz przechrzcił na Liwię). Wiele twierdz i miast ufortyfikował. Odnowił też prawdopodobnie pustynną twierdzę – pałac w Macheroncie, dziś po jordańskiej stronie Morza Martwego.

To tu, prawdopodobnie wiosną 29 roku naszej ery, miała miejsce tyle razy opisywana i odmalowywana uczta, podczas której stracił życie Jan Chrzciciel. Był krewnym Jezusa. Jego matkę, Elżbietę, Maryja odwiedzała, będąc w ciąży. Jan był od Jezusa starszy o parę miesięcy. Żył na odludziu (jak to pięknie przetłumaczył ks. Jakub Wujek: „na puszczy"), jadał szarańczę z leśnym miodem. Polewał też wodą tych, co do niego przychodzili, dając im w ten sposób znak, że zaczynają nowe życie, mają się nawrócić: nie kantować, dzielić się z biednymi ubraniami i żywnością, po prostu – żyć, jak na ludzi przystało. Pewnego dnia nad jordańskim brzegiem stawił się Jezus z Nazaretu. Jan rozpoznał w nim Mesjasza. Mówił zresztą wyraźnie wszystkim, którzy go pytali, że to nie on, nie Jan, jest tym, za którym trzeba iść, że on tylko poprzedza Tego Właściwego. Dlatego w tradycji wschodniego chrześcijaństwa nazywany jest Poprzednikiem.

Jan ma już swoją szkołę, swoich uczniów. Ich grono rozszerza się tak, że wieść o nim dochodzi aż do uszu Heroda Antypasa, który każe wzywać proroka i chętnie go słucha. Jan nie daje jednak zrobić z siebie dworskiego pudla specjalizującego się w duchowości, ma w nosie wizytówkę z napisem „Spiritual Advisor to the King". Otwartym tekstem zaczyna mówić Herodowi, co myśli o jego życiu erotycznym, a było ono nieubogie i mocno, mocno nieszczęśliwe.

Otóż niejaka Herodiada, wnuczka Heroda dzieciobójcy, jakiś rok albo dwa lata wcześniej zostawiła swojego męża (a przy okazji stryja) Heroda Filipa, by poślubić innego stryja, właśnie naszego Antypasa. Na pewno chodziło tu o miłość. A także o to, że drugi wybranek, w przeciwieństwie do pierwszego, źle potraktowanego w dynastycznych rozdaniach, dostał zwyczajnie dużo lepszą działkę. Skandal był to pierwsza klasa, bo po pierwsze żydowskie prawo religijne surowo zabraniało ożenku z żoną żyjącego brata, po drugie Antypas, by zwolnić miejsce przy swym boku, musiał wygnać swoją pierwszą żonę, córkę króla Nabatejczyków z sąsiedniej Petry, co ostatecznie doprowadziło do wojny między dwoma krajami. Czy nowa wybranka królika Galilei (wówczas już pewnie lekko po czterdziestce) była aż tak pociągająca, czy po prostu umiała zaginać parol na facetów – trudno stwierdzić. Tak czy siak – Jan Chrzciciel wygarnął Herodowi: „Nie wolno ci mieć żony swego brata". Za co poszedł siedzieć.

Antypas nie miał przyjemności z udręczania Jana. Przeciwnie – musiało mu to chyba jakoś ciążyć. Był lękliwy, zabobonny (później będzie się bał, że Jezus jest zmartwychwstałym Janem Chrzcicielem, który przyszedł szukać na nim zemsty). Może miał wyrzuty sumienia, a może zwyczajnie pogubił się już w swojej własnej tożsamości (Herodowie przy zachowaniu elementów własnej kultury, koczowników z południowej Judei, dodawali do tego inne lokalne tradycje oraz nader chętnie uprawiali wewnątrzimperialne kunktatorstwo, implementując do swojego życia wzorce rzymskie czy greckie). I zwyczajnie może jakoś kręciła go twarda mowa człowieka, który miał w nosie wszystkie honory i zaszczyty, i zamiast zawijać w dworskie flanelki – walił jak jest, prosto z mostu.

Być może Antypas wraz ze dworem zjechał do Macherontu (gdzie od prawie roku trzymany był pod strażą Jan), wracając z Mezopotamii. Pojechał tam jako element świty cesarskiego wysłannika, Lucjusza Witeliusza (na którego uprzejmie donosił Tyberiuszowi, za co ów Witeliusz słodko się na nim później zemścił). Podczas uczty w Macheroncie tańcząca przed Herodem córka Herodiady (czyli jego stryjeczna wnuczka), pewnie wówczas trzynasto- czy czternastoletnia, tak zawróciła wszystkim w głowie (po detaliczny opis jej strojów i wykaz zmysłowych ruchów odsyłamy choćby do opowiadania *Herodiada* Flauberta), że wypity władca złożył jej ofertę samobójczą oraz idiotyczną. Przysiągł mianowicie, że da jej wszystko, czego ta zechce, włącznie z połową swego królestwa. Pytanie, rzecz jasna, czy taką transakcję autoryzowałby Rzym, ale po paru winach i w zielonym wieńcu na głowie człowiek nie stawia sobie pewnie takich pytań. Dobrze wychowana nastolatka, zamiast brać władzę, poszła po radę do mamusi. A ta zwęszyła szansę jedną na tysiąc i poleciła jej zażądać głowy Jana Chrzciciela. Zamówienie zrealizowano od ręki. Głowa najświętszego z ludzi spoczęła na tacy małej ladacznicy.

Proszę zwrócić uwagę, jak niezwykła psychologicznie jest ta sytuacja: każda ze złych postaci w tym dramacie realizuje swe najlepsze cechy. Dziewczyna umie tańczyć tak, że niech się kolega Egurrola chowa, więc tańczy. Herod demonstruje przed swoimi dworzanami i krewnymi swoją słowność, a to przecież wysoko się ceni, gdy ktoś nie rzuca słów na wiatr. Herodiada broni swojego małżeństwa. Kat profesjonalnie wykonuje ciężkie, służbowe obowiązki. Każdy robi – w swoim przekonaniu – prawe rzeczy, czego skutkiem jest bezprawie, szatańskie wręcz zło.

Historia lubi się powtarzać, więc jeszcze wiele razy w dziejach świata widzieć będziemy zbrodniarzy, którzy wyjaśniać będą, że bronili narodu, woli ludu, wykonywali rozkazy, że nie można winić kogoś, kto tylko wykonuje obowiązki. Aż do skończenia świata odnawiać się też będzie w życiu każdego człowieka inny jeszcze wątek tej historii. Na pierwszy rzut oka wygląda to na paradoks:

Jan Chrzciciel, siedząc w więzieniu, wysyła swoich uczniów do Jezusa, by zapytali Go, czy rzeczywiście jest Mesjaszem, czy trzeba czekać na kogoś innego. Kupy się to nie trzyma. Przecież sam mówił o Nim: „Oto Baranek Boży", widział chwałę, jaką podczas zanurzenia w Jordanie otoczył Jezusa Bóg Ojciec, a teraz pyta: „OK, to teraz serio – jesteś tym Mesjaszem czy nie jesteś?". Jezus odpowiada mu, też przez uczniów, nie wprost. Mówi: zobacz cuda, które robię. Czy nie są zgodne z opisem tych, jakie miał robić Mesjasz? Chorzy zdrowieją, najostatniejszym z ostatnich głosi się nadzieję wyzwolenia.

Jak wyjaśnić tę dziwną rozmowę pomiędzy krewnymi i – wydawałoby się – najbliższymi współpracownikami? Pięknie pisał o tym wybitny prawosławny teolog Sergiusz Bułgakow. Po prostu uczeń nie może być większy od mistrza, musimy przejść literalnie wszystko, co przeszedł nasz Szef – Chrystus. Każdy z nas na bank będzie miał więc w swoim życiu krzyż, każdy zmartwychwstanie, ale każdy przejdzie też przez swój Ogród Oliwny, w którym Jezus płakał ze strachu i mówił, że nie chce iść na krzyż. Przychodzi taki moment w życiu każdego, kiedy nagle wyparowują wszystkie odpowiedzi, gdy rozmawia się z Bogiem, ze światem i ze sobą wyłącznie przy użyciu pytań. Jan też musiał przerobić to na sobie.

Reakcja Jezusa na wieść o śmierci Jana też jest symptomatyczna: nie lamentuje, nie pomstuje, nie wygraża, nie zapowiada Herodowi, że karma wróci do niego i da mu po łbie (co przecież ostatecznie nastąpi). Ewangelista pisze, że Jezus wsiadł do łodzi i popłynął nią na miejsce pustynne. Śmierć Poprzednika jego Następca zanurza w ciszy. Wie, że sam niedługo pójdzie tą samą drogą. Wschodnia tradycja mówi, że Jan Chrzciciel i w tym poprzedził Jezusa, że po śmierci zstąpił do otchłani, by zapowiedzieć nadejście wybawiciela czekającym tam zmarłym.

Wróćmy jednak do Antypasa. Ewangelista wspomina, że Antypas był bardzo smutny, realizując zamówienie dziewczątka. Jest przecież i dziś taki typ człowieka, który w zetknięciu z wymagającą prawdą nie przyjmuje jej, ale czyni to bez przekonania i satysfakcji. Raczej – niczym Adolf Eichmann, przygotowując założenia Holocaustu – popada w zasmucenie, melancholię, wewnętrznie wzdycha nad okrucieństwem losu zmuszającym człowieka do dokonywania wyborów dalekich od idealnych. Kolejny moment konfuzji Antypasa odnotowują ewangeliści parę czy paręnaście miesięcy później, gdy przyprowadzono mu będącego w trakcie procesowej farsy Jezusa. Herod, miłośnik nadnaturalnych zjawisk, był ożywiony, rozradowany. Miał nadzieję, że nauczyciel z Nazaretu wystąpi przed nim niczym na scenie programu „Mam Talent", a on – niczym Małgosia Foremniak – ześle mu ocalenie, nie wciskając czerwonego przycisku. Podobno zasypał Jezusa gradem pytań, ten jednak uparcie milczał. Parodia sceny w Ogrodzie Oliwnym. Tam człowiek, na moment przed śmiercią, stawia najważniejsze pytania świata, tu – obły polityk i pałacowy pudel, niczym kapryśne dziecko domaga się zaspokojenia jego czczego głodu ciekawostek. Tragifarsa sięga zenitu, gdy król, będący w istocie błaznem, rozkazuje przebrać Jezusa za błazna: sam będąc *de facto* parodią władcy, daje parodię królewskich szat temu, od którego pochodzi wszelka władza.

Parę lat później z powodu pożądania królewskich szat stracił wszystko. W 37 roku brat Herodiady, a więc bratanek Antypasa, Herod Agryppa, wychowany w Rzymie i znakomicie poukładany na dworze cesarza Kaliguli (a później Klaudiusza), załatwił sobie panowanie nad częścią palestyńskich ziem wraz z tytułem królewskim. Ambitna Herodiada podpuściła męża, sugerując mu, że powinien jechać do Rzymu i wystarać się o identyczną godność. Ale sprytny Agryppa posłał za stryjkiem ludzi, którzy donieśli szalonemu cesarzowi, że Antypas gromadzi broń, skrzykuje tysiące ludzi i szykuje spisek. Zaskoczony obrotem spraw Antypas tłumaczył się nieprzekonująco, więc Kaligula nie dość, że zabrał mu wszystko, co ten miał, to jeszcze skazał go na wygnanie. Człowiek, który mógł przejść do historii jako ten, który ocalił Jezusa, skończył więc jako polityczny banita parę tysięcy kilometrów od domu, w mieście Lugdunum Convenarum, na obecnym pograniczu Francji i Hiszpanii. Śmierć znalazła tam też jego obrotna uczuciowo oraz politycznie żona, która honorowo odmówiła pozostania na dworze obsypanego zaszczytami brata.

Agryppa przez chrześcijan pamiętany jest jako ten, który wybuchające tu i ówdzie antychrześcijańskie zamieszki zamienił w regularne prześladowanie, pierwsze w historii młodziutkiej religii. Jedną z jego ofiar padł w 44 roku naszej ery święty Jakub (Starszy), jeden z apostołów, do którego relikwii w Composteli pielgrzymują dziś tysiące (świętego Piotra Agryppa kazał uwięzić i też by go pewnie zabił, gdyby nie cudowna ucieczka pierwszego papieża z więzienia, którą opisują Dzieje Apostolskie). Król miał podążyć tuż za swoimi ofiarami. Jakub został ścięty w 42 lub 44 roku, Herod pojechał do Cezarei rozsądzać jakieś spory i tu zabiła go (jego też) królewska szata. Władca miał pokazać się ludowi w przepięknym, pysznym stroju tkanym srebrem, a słoneczne refleksy tak oślepiły lud, że zaczął bredzić, iż ma do czynienia z Bogiem. Herod nie zareagował na okrzyki pochlebców i wtedy zaczęły się dolegliwości. Dzieje Apostolskie nie bez satysfakcji odnotowują, że „wtedy poraził go anioł Pański" i „zjedzony przez robaki umarł". Żydowski historyk Józef Flawiusz pisze nieco chłodniej o nagłym i narastającym bólu brzucha (a więc może trafił go wyrostek, a może woreczek żółciowy), który po pięciu dniach zakończył pięćdziesięcioczteroletnie życie Heroda Agryppy.

Przyglądaliśmy się dotąd głównej scenie przygód herodiańskiej dynastii, hałaśliwej i po bliskowschodniemu ekspansywnej. Warto jednak chyba pokusić się o rzut okiem w bok, poza główną sceną też przecież żyli ludzie, którzy kochali, płakali się i martwili. Oto Arystobul II, brat Heroda Agryppy i Herodiady. Może o kilka lat starszy od Jana Chrzciciela i Jezusa, również wychowany w Rzymie, ale trzymający się z dala od rodzinnych wyścigów po władzę. Być może właśnie w roku 30 (albo chwilę później) bierze ślub z syryjską księżniczką, Jotape, córką króla Sampsigeramusa II, władającego w Emesie (dzisiejsze wielkie syryjskie miasto Homs). Być może właśnie wtedy, gdy Jezus oddaje na krzyżu życie, a po trzech dniach zmartwychwstaje – parze rodzi się córka, również Jotape. Dziewczynka okazuje się głuchoniema. Przekleństwo, los czy kara?

Arystobul z rodziną zamieszkał w mieście żony. Nie pełnił żadnych znaczących funkcji, choć otaczał go tam szacunek. Zmarł na pewno przed 80 rokiem naszej ery. Jakiego wieku dożyła mała Jotape – nie mamy pojęcia. I pomyśleć, że gdyby ciocia dziewczynki (Herodiada) nieco inaczej ułożyła listę życiowych priorytetów, dziecko mogłoby może spotkać na swojej drodze rabbiego z Nazaretu, który przywracał głuchym słuch, a niemym mowę. Czy Jotape byłaby przez to szczęśliwsza? Nie wiem. Wiem jednak, że gdy czytam Ewangelię, na pierwszym planie widzę ludzi uzdrowionych przez Jezusa, w tle zaś zawsze majaczą mi cienie wszystkich tych, których Mistrz nie uzdrowił.

Może nie miał takiego planu? A może oni (lub ich bliscy) byli ślepi i głusi, zbyt zajęci – odmawiający modlitwy albo oddani pracy, nie dość przekonani? Nie zauważyli, nie uwierzyli. Albo, jak Herod, pogrążyli się w głębokim smutku i zamyśleni, poszli dalej znaną sobie, może mniej ambitną, ale przecież pewną, bezpieczną, wypróbowaną przez kapłanów, naród, władców, drogą.

Rozdział XV

Japonia, lata 30.
Mamuśki,
ich brzoskwinie
i dzwonki.

Nie mamy pojęcia, kto w 30 r. naszej ery rządził na terenach dzisiejszej Japonii, istnieje jednak spora szansa, że w wielu miejscach, zwłaszcza we wschodniej części największej japońskiej wyspy, Honsiu (tej, na której leży Tokio), ster władzy dzierżyły kobiety. Matriarchat sprawdzał się całkiem całkiem, o czym świadczą choćby późniejsze losy żyjącej na przełomie II i III w. naszej ery szamanki i przywódczyni o imieniu Himiko (albo Pimiko), której dwór składał się z tysiąca pań i jednego faceta (parytecie – gdzie jesteś?!) i która była w stanie spuścić łupnia nadciągającym od strony Chin najeźdźcom.

Faceci oczywiście w końcu i tak wygrali (i – żenujące – zaczęli zaraz dorabiać sobie męskie genealogie na parę pokoleń wstecz; jeśli za kimś nie przemawia teraźniejszość, bierze się za przypudrowywanie przeszłości). Pewnie ku uciesze Chińczyków, którym bardzo na rękę było rozgrywanie męskich ambicji władców poszczególnych księstewek. Jeszcze nie japońskich, rzecz jasna; ta nazwa pojawiła się dużo później. Póki co w chińskich rocznikach mieszkańców tych wysp określano niezbyt sympatycznym mianem „Wo", co znaczy po prostu: karły.

Odezwali się koszykarze, chciałoby się dziś złośliwie stwierdzić. Fakt faktem, że rdzenni mieszkańcy japońskich wysp (a ślady osadnictwa mamy tu nawet sprzed 180 tys. lat, pre-Japończycy żyli na Honsiu, Sachalinie, Kamczatce i Kurylach) byli o parę centymetrów niżsi od (mierzących nawet 165 cm) kolonizujących ich coraz intensywniej w interesującym nas momencie historii przybyszów ze wschodnich Chin i południowej Korei (musieli wyjeżdżać od siebie m.in. dlatego, że ekstensywne rolnictwo, podobnie jak w Oceanii, prowadziło do miejscowych katastrof ekologicznych, a w rezultacie – głodu). Czym się zajmowali, poza ochroną granic swoich wiosek i gmin? Oczywiście uprawą ryżu, w której już na paręset lat przed Chrystusem osiągali mistrzostwo (ale znano też i lubiano fasolę, soję, proso, a z owców – brzoskwinie). Sto parędziesiąt lat przed przyjściem na świat Pana pojawiło się tu żelazo i brąz. Imigranci zaczęli za ich pomocą rozkręcać machinę podbojowo-wojenną, robiąc z brązu głównie broń. Wschodnie tereny Honsiu, przez długi czas skuteczniej opierające się ich indoktrynacji, zamiast grotów strzał, robiły sobie z brązu raczej rytualne dzwonki.

W miejscowości Nejiko w prefekturze Nagasaki archeolodzy wykopali nie tak dawno szkielet kobiety, w której czaszce tkwił zrobiony z brązu grot strzały, pochodzącej właśnie z okresu Yayoi, a więc mniej więcej przełomu naszej i poprzedniej ery. W okolicach Kobe natrafiono natomiast na rytualnie pochowaną (pewnie w celu zapewnienia dobrych plonów) kolekcję czternastu brązowych dzwonków, rozrzeźbionych tak pięknie, że jeden z nich okrzyknięto elementem dziedzictwa narodu. Można więc chyba spokojnie zaryzykować twierdzenie, że gdyby Pan Jezus przyszedł na świat nie u siebie, w Palestynie, a w Japonii, zobaczyłby dokładnie tę samą sytuację, którą oglądamy dziś w Polsce, w Europie i na świecie. Każdego dnia każdy z nas podjąć musi tę samą decyzję, co dziś będzie robić z ziemi, którą ma pod stopami. Strzały, by wstrzeliwać je innym ludziom w czaszki? Czy raczej soczyste brzoskwinie albo sympatyczne dzwonki?

Rozdział XVI

Prazambijczycy. Murzynek Bambo już tu nie mieszka.

Więc gdyby ktoś chciał, to płynąć do Azanii (grecka nazwa Afryki Wschodniej, od dzisiejszej Etiopii i Somalii aż pewnie po Mozambik) trzeba tak: „Dalej wybrzeże skręca bardziej ku południowi. Naprzód są tam Mała i Wielka Skarpa Azanii i ujścia rzek dogodne do postoju w odległości sześciu dni drogi. Potem kolej na Małą i Wielką Plażę za następne sześć dni, a jeszcze dalej zaczynają się Prądy Azanijskie. Po dwu dniach dopływa się do ostatniego na lądzie Azanii miasta targowego, zwanego Raphta, którego nazwa pochodzi od zszywanych łódek. Jest tam wiele kości słoniowej i szylkretu. Na całym wybrzeżu mieszkają wysokorośli ludzie, którzy mają pirackie obyczaje i wszędzie naznaczyli swoich naczelników. Mocą starego prawa, które oddaje we władanie tę krainę dominującemu państwu w Arabii, panem jest tu władca Mafiru. Pod jego zwierzchnictwem ludzie wysyłają tu statki z arabskimi kapitanami i załogą, ci zaś handlują, żenią się z miejscowymi kobietami i znają tutejszy język. Do tych miast targowych przywozi się włócznie wyrabiane specjalnie dla nich, siekiery, sztylety, szydła, a gdzieniegdzie wino i pszenicę – nie na handel, lecz by pozyskać tych barbarzyńców. Wywozi się zaś stamtąd wiele kości słoniowej, choć jest ona gorszej jakości, a także rogi nosorożców, szylkret – inny niż indyjski – oraz trochę oleju palmowego". To cytat z przewodnika dla żeglarzy, *Periplus Maris Erythraei*, napisanego (przez anonimowego Greka z Aleksandrii, po grecku, choć najbardziej znany jest pod tym łacińskim tytułem) najpewniej koło 50 roku naszej ery.

Wspomniana w nim Raphta najczęściej lokowana jest na wybrzeżu dzisiejszej południowej Tanzanii lub północnego Mozambiku. Jest więc jasne, że w czasach Chrystusa relacje handlowe Bliskiego Wschodu z Afryką były wcale nieźle rozkręcone. Kim byli owi spotykani na wybrzeżu „wysokorośli ludzie"? Albo przedstawicielami ludów żyjących nad Nilem, którzy zapuścili się aż tu w poszukiwaniu szans na lepsze życie, albo rolnikami z ludów Bantu, którzy dotarli tu w czasie wielkiej, panafrykańskiej wędrówki ludów (którą bardziej szczegółowo opiszemy niżej). Mogli też, rzecz jasna, być nilotycko-bantyjsko-buszmeńsko-pigmejsko-arabsko-grecką krzyżówką. Odkąd ludzie wynaleźli statki, wybrzeża kontynentów zaroiły się od takich genowych i kulturowych mieszanek, przypominających współczesny Londyn albo i Nowy Jork.

No dobrze, i co to zmienia? Po co w ogóle zajmować się Afryką? Jezus wszak był Azjatą, najwięcej danych historycznych o Jego czasach mamy z Rzymu i z Chin. Lekcja dla współczesności? A co może być pouczającego w Afryce? W Europie problemów mamy po kokardkę, najważniejszą areną gospodarczego świata są dziś wybrzeża Oceanu Spokojnego. Afryka – to wiadomo: wojny, porwania, obozy dla uchodźców, dzieci tak słabe, że niebędące w stanie odgonić nawet łażących po nich much. Największy ze znanych worek na pomocowe pieniądze, w dodatku nieposiadający dna.

Ignorowanie Afryki – zważywszy na jej potencjał, który bez wątpienia ujawni się (o ile wszystkiego po drodze nie schrzani błyskawicznie ocieplający się klimat) w ciągu najbliższych stu lat – jest po prostu nierozsądne. Ma w sobie też coś z nuworyszowskiego odcięcia się od korzeni. Chcemy czy nie chcemy – wszyscyśmy stamtąd przyszli. Na Afrykę oko Stwórcy świata i człowieka od samiuśkiego początku patrzeć musiało ze szczególną uwagą, ba – miłością. To wszak to miejsce, a nie Polskę czy Meksyk, wybrał On z jakichś powodów na żłóbek, w którym rodziła się ludzkość. Afryka to nasz dom rodzinny. Współcześni Afrykańczycy mówią o niej często (i śpiewają): „Mama Africa", dla nas, Europejczyków, Afryka to po prostu babcia.

„To w Afryce linia człowieka oddzieliła się od linii małp człekokształtnych przed 5–7 milionami lat. To w Afryce cztery miliony lat temu człowiek zaczął chodzić prosto. To w Afryce prawie dwa miliony lat temu wyciosano z kamienia pierwsze mądrze wymyślone narzędzia. I to w Afryce sto tysięcy lat temu ukształtowało się złożone zachowanie naszego gatunku, charakteryzujące się tworzeniem sieci wymiany na długich dystansach, posługiwaniem się skomplikowanymi narzędziami z kamienia i kości, użyciem ochry jako barwnika, wynalezieniem wczesnych systemów liczenia oraz innych symboli" – wyręcza nas w wyliczankach David van Reybrouck w słusznie obsypywanej zachwytami i nagrodami książce „Kongo. Opowieść o zrujnowanym kraju". Pisze o jednym z najbardziej rozkrwawionych, najbardziej koszmarnych i potwierdzających najgorsze stereotypy na swój temat miejsc na ziemi, ale robi to, unikając błędu właściwego tylu (również polskim), pożal się Boże, podróżnikom i reporterom: podszytej poznawczym autoerotyzmem wyższości. Prezentując ordynarny protekcjonalizm albo jego „humanitarną" wersję (reporter jedzie na kontynent i opisuje, jak bardzo głęboko przeżywa, że ci wszyscy ludzie, niczym zwierzątka w terrarium, żyją w tak trudnych warunkach, oraz – obowiązkowo – lamentuje nad okrucieństwem białych, jakby historii Afrykańczyków w ogóle nie dało się pomyśleć bez tego punktu odniesienia). Wbili nam oni do głów, że historia kontynentu składa się tak naprawdę z dwóch rozdziałów. Pierwszy mógłby nosić tytuł „Dzikie golasy w kompletnej ciemności" – ten trwał parę milionów lat. Drugi: „Oświecenie dzikusów, ich zbawienie, ratunek i cywilizacja, a także nieszczęścia, wojny, głód, złodziejstwo i jądro ciemności", zaczyna się wraz z epoką kolonialnych podbojów (czyli parę wieków temu) i trwa aż po dzień dzisiejszy. Co za bzdury. Afryce trzeba wreszcie pozwolić mieć to, co przecież i tak ma: autonomiczną, wolną od kolonialnych kontekstów historię. Uznać, że istnieje ona również wtedy, gdy nie ma jej w myślach Europejczyków, Chińczyków i Amerykanów. I że owe dwa tysiące lat temu zachodziły tu bardzo podobne procesy, jak w innych częściach nawiedzanego właśnie przez Boga-człowieka świata.

To, że jej wybrzeże było miejscem prowadzenia intensywnej wymiany (towarowej, ale i kulturowej) ze światem – już wiemy. Nie wiemy jeszcze, że wewnątrz kontynentu przypadający właśnie na ten czas rozwój hutnictwa i metalowych narzędzi spowodował, że nie trzeba już było ganiać za zwierzyną czy szukać jadalnych korzonków: można było je hodować i uprawiać. A skoro człowiek był w stanie wyprodukować więcej żywności, niż mógł na bieżąco zjeść – zaczął myśleć o jej magazynowaniu. Jedni gromadzili więcej, drudzy mniej, a więc społeczności, które dotąd były w miarę egalitarne, zaczęły wykształcać klasę posiadającą, która umiejętnie grając zasobami, była w stanie pomnażać swoje znaczenie w postępie geometrycznym. Niewykluczone więc, że gdy przeniesiemy się na dobre do „głębokiej" Afryki w okolicach roku 30, zobaczymy w niej korzenie tego samego bluszczu, który w ciągu następnych wieków skutecznie poddusił cały świat. Ujrzymy zaradnych, tłumaczących, że należy się bogacić, bo „przypływ podnosi wszystkie łodzie", i tych, dla których nie ma większego znaczenia, czy jest przypływ, czy odpływ, bo ich łódki są po prostu dziurawe, więc zamiast wiosłować i płynąć do przodu, całe życie balansują na krawędzi śmierci, wylewając z nich wodę.

Wraz z przybyciem pierwszych „pływających chat", czyli wielkich statków z kolonizatorami i powszechnym pojawieniem się na kontynencie prochu (być może na lokalną skalę docierał on gdzieniegdzie już wcześniej, *via* berberyjscy kupcy utrzymujący szlaki handlowe między Afryką na północ od Sahary i tą na południe od wielkiej pustyni), w tej układance pojawi się jeszcze jeden element. A w połowie XX wieku, gdy kolonizatorzy wyjadą i powiedzą: „to teraz róbcie sobie demokrację" – kolejny. Zasadniczo system społecznego zarządzania i kontroli w pierwotnych społeczeństwach Afryki oparty był na autorytecie: miał go wódz, mieli go starsi, wszyscy się ich słuchali. Owe kilka wieków temu, gdy postanowiliśmy uszczęśliwić naszych sąsiadów z południa swoją obecnością – autorytet wodza, bohatera, mędrca, zastąpiła strzelba. Strzelbę kilkadziesiąt lat temu zastąpiła wyborcza kartka i od tej pory, aby zasiąść ponad tłumem i wydawać mu polecenia, nie trzeba już być ani mądrym, ani silnym, wystarczy znaleźć odpowiednią liczbę osób podobnych do siebie. Rzecz jasna, posiadanie jakichś zasobów pieniędzy, żywności (albo strzelby) może pomóc w motywowaniu elektoratu do podejmowania korzystnych dla interesów przekupującego (lub straszącego) decyzji. To, że w Europie politycy straszą islamem albo opozycją, a w Afryce – głodem, to techniczny detal – cały świat: i mama Europa, i babcia Afryka, i wujek ze Stanów, cierpią dziś na tę samą chorobę: procesami politycznymi, społecznymi i ekonomicznymi rządzi lęk. Duzi gracze dawno temu odkryli, że choć zachęta działa na ludzi dobrze, dużo bardziej mobilizuje ich i ustawia w pionie strach.

Współcześni polityczni spin doktorzy nie są w stanie przeprowadzić bez niego żadnej kampanii, produkując spoty z pustymi lodówkami i zdjęciami z zamachów, które niechybnie czekają nas, gdy po władzę sięgnie nie ten, co trzeba. 80–90 procent kancelarii prawnych obsługujących świat biznesu istnieje tylko i wyłącznie po to, by zajmować się obsługą lęku, konstruując kolejne zabezpieczające wszystkich przed wszystkimi klauzule. Jasne, ludzkość przez te dwa tysiące lat poszła ostro do przodu, pytanie tylko, czy nie w stronę urwiska?

Nie tylko Benjamin Franklin odkrywał, jak niezwykle upraszczającym życie i działanie czynnikiem jest zaufanie (kupca do kupca, w tym przypadku). Kłopot zaś polega na tym, że lęku i zaufania nie da się zmieścić w jednym naczyniu, one są jak ogień i woda. Tam, gdzie działa tradycyjny afrykański system „rozszerzonej rodziny", gdzie człowiek wie, że niezależnie od okoliczności będzie mógł liczyć na pomoc nawet najdalszych krewnych (ale w razie gdy to mu się powiedzie – to on będzie musiał świadczyć pomoc innym), okazuje się, że do przeżycia są sytuacje, które normalnie byłyby zupełnie nie do przejścia. Nie do wyobrażenia byłby też, bez takiego systemu wsparcia, radykalny postęp, jaki dokonał się w Afryce na styku epoki kamiennej i żelaza (oraz parę chwil później). Och, jak strasznie korci, by opowiadać o tych wszystkich fascynujących królestwach, jakie powstawały jeszcze przed czasami Mieszka I, o wielkim i potężnym państwie, jakim we wczesnym średniowieczu była Ghana. O imperium Kanem-Bornu w okolicach jeziora Czad (w którym rządząca dynastia Saifawa utrzymała się przez 771 lat!). O Indonezyjczykach, którzy między II a IV wiekiem przypłynęli i osiedlili się na Madagaskarze. O Chińczykach, którzy też już wtedy mieli prawdopodobnie regularne handlowe rejsy do Mombasy (w dzisiejszej Kenii) i w okolice Zanzibaru. O cudach etiopskiej cywilizacji i o tym, jak w IV wieku ochrzczone zostało leżące już w „Afryce właściwej" (a nie tej, która w istocie jest wybrzeżem Morza Śródziemnego) Aksum. Wreszcie o tym, jak w XVI wieku król Konga Mwemba a Nzinga (czyli Affonso I) wysyłał do Europy swojego syna Henrique, który został tam wyświęcony na pierwszego czarnoskórego biskupa, i jak sto lat później jeden z jego następców, Garcia II, sprytnie próbował rozgrywać między sobą Portugalczyków, Holendrów, Włochów i Hiszpanów i używał Kościoła katolickiego jako politycznego narzędzia.

Nie to jednak ma być przedmiotem tej książki, chcemy wszak w niej spotkać żyjącego na południe od Sahary rówieśnika Jezusa. Nie kontynent, a człowieka. Po pierwsze, prośba: na jego pojawienie się nie reagujmy tak dobrze znanym każdemu czarnoskóremu, który trafia do Polski, zawołaniem: „O, Murzyn!".

Takie spotkanie będzie wymagało od nas odrobiny pojęciowej pracy, zrobienia porządków w mózgu. Podczas gdy Afryka to dla znacznej części z nas – jako się rzekło – groźna, gorąca i krwawiąca dzikość, zaczynająca się zaraz za południowymi rogatkami Hurghady, obraz jej mieszkańców sprowadza się najczęściej do „Murzynka Bambo". Niewiele, mam wrażenie, zmieniło się w tej materii od 1551 roku, gdy Marcin Bielski wydawał w Krakowie swoją „Kronikę wszystkiego świata", gdzie czytamy o zjadających się nawzajem dzikich „mających czarną skórę od nadmiaru słońca", żyjących na rozżarzonym pustkowiu, przez które przebiegają budzący grozę „lwowie, wsłoniowie, bazyliszkowie, kokodryle, osłowie rogaci i rozmaity naród smoków, takież i wężów, które całe lato nie piją, bo tam nie masz wody lada gdzie".

Mieszkaniec Afryki, nazywany obowiązkowo i zawsze Murzynem, dla naszych przodków stanowił przede wszystkim atrakcję, obwożoną czasem po znaczniejszych dworach ku uciesze tłuszczy (afrykańskiego służącego mieli np. królowie Stefan Batory, Jan III Sobieski; August II Mocny dysponował „murzyńską kapelą", a pan Jerzy Lubomirski z Przemyśla trzymał Murzynów w pałacowym ogrodzie, wraz z egzotycznym ptactwem, karłami i wystawą chińskich altan). W charakterze estetycznej przyprawy obecny był w sztuce (ciemnoskóry król występuje np. w mariackim ołtarzu Wita Stwosza), często służył za wyobrażenie diabła (w 1461 roku szatan w tej właśnie postaci miał się ukazać Mikołajowi, opatowi wąchockich cystersów). W literaturze długie lata Afrykańczyk służył za – dosłownie – „ciemnego luda", a o tym, że historia – choć czasem pędzi jak oszalała, to są w niej jednak rzeczy zupełnie niezmienne, poucza licząca paręset lat *Kolęda moskiewska* autorstwa Pawła Palczowskiego, w której znajdujemy frazę jakby żywcem wyciętą ze współczesnych polskich debat na Facebooku („mamy wielkie i gwałtowne nieprzyjacioły, jak Murzyny, Turki, Żydy i insze wszelkie heretyki").

Coś wyraźnie pękło w relacjach z Afryką, gdy nad Wisłę docierać zaczęły wieści o wywozie do Ameryki (dwunastu) milionów niewolników. Polscy autorzy (choćby Ignacy Krasicki czy Julian Ursyn Niemcewicz) stanowczo oprotestowywali to niewątpliwe barbarzyństwo. Jeden z najbardziej postępowych rodaków wszech czasów, Tadeusz Kościuszko, zapisał swój majątek na rzecz uwolnienia i edukacji afrykańskich niewolników. U naszych wschodnich sąsiadów symbolicznym przełamaniem lodów musiała być kariera pradziadka wielkiego poety Aleksandra Puszkina, Abrama Pietrowicza Gannibala, porwanego za młodu na terenie dzisiejszego Kamerunu (choć silna jest też tradycja, że pochodził z Etiopii, dzięki czemu Puszkin do dziś ma swoją ulicę w Addis Abebie) i sprezentowanego carowi Piotrowi I, pod którego skrzydłami wychował się on na specjalistę w zakresie budowy fortyfikacji i dosłużył rangi carskiego generała.

O święta Dygresjo, opuść nas, byśmy wreszcie wrócili do kwestii zupełnie zasadniczej: kogo spotkalibyśmy, przenosząc się wehikułem czasu do czasów Chrystusa i lądując nim na obecnie należącym do Zambii wielkim płaskowyżu nad rzeką Zambezi? Albo na obrzeżach gęstego jak sama esencja gąszczu tropikalnego lasu (wyglądającego z powietrza – jak to malowniczo ujął van Reybrouck – niczym „wielkie brokuły" o powierzchni trzech Hiszpanii), zajmującego 2/3 Demokratycznej Republiki Konga?

Przede wszystkim – gdybyśmy spotkali kogokolwiek, już moglibyśmy odczytać to za oznakę towarzyszącego nam szczęścia. Dwa tysiące lat temu Afrykę zamieszkiwało ledwie 20 milionów ludzi (podczas gdy takie Chiny – prawie 60 milionów). Połowa z tego żyła w Afryce Północnej i w dorzeczu Nilu, co oznacza, że w Afryce Subsaharyjskiej mamy jedynie 10 milionów mieszkańców (w skali kontynentu gęstość zaludnienia wynosiła więc pół człowieka na kilometr kwadratowy). Z Saharą też sprawa jest nie tak oczywista: jałowy i zapiaszczony piekarnik zaczęła ona bowiem – zdaniem wielu naukowców – przypominać dopiero około 3000 roku przed naszą erą, wcześniej służyła za regularne terytorium uprawne, w znacznej części była całkiem przyzwoicie nawodniona. Załóżmy jednak, że lądujemy parę tysięcy kilometrów na południe, w okolicach ulubionych przez turystów z całego bożego świata Wodospadów Wiktorii, które w 1855 odkryje dla nich słynny dr Livingstone („I presume").

Rówieśnik Jezusa, który wychodzi nam na spotkanie, jest – jak na wyobrażenie przybyszów ze świata – pewnie całkiem wysoki, nie jest koniecznie krępym, przystosowanym do życia w mrocznym gąszczu tropikalnego lasu Pigmejem. Od paru tysięcy lat w Afryce Subsaharyjskiej trwa intensywna wędrówka ludów. W drugim tysiącleciu przed Chrystusem rolnicy mówiący językami z rodziny Bantu (która to rodzina mocno się później rozbudowała i zróżnicowała; dziś językami Bantu mówi połowa, około czterystu, grup etnicznych na kontynencie) wyruszają ze swojego matecznika, mniej więcej w okolicach pogranicza dzisiejszego Kamerunu i Nigerii. Maszerują najpierw na południe i wschód (w stronę Wielkich Jezior – Tanganika, Wiktorii, Malawi), a później, omijając wielki kongijski las, wschodnim i zachodnim wybrzeżem Afryki, docierają po wielu wiekach aż na sam jej południowy kraniec. Mieszają się z lokalną ludnością buszmeńską i pigmejską, rozprzestrzeniają swój język i rolnicze zwyczaje.

Dziś w Afryce działają aplikacje (np. WeFarm), które pozwalają rolnikom wymieniać się informacjami o plonach, pogodzie, metodach uprawy, wtedy do wielu rzeczy dochodzić było trzeba metodą prób i błędów. Czy nasz młodzieniec, który przyszedł na świat na przełomie er, a którego – dajmy na to dziadek – dotarł w te okolice wraz ze swoją rodziną, a jego syn związał się z miejscową kobietą – uprawiał (jak to ma miejsce dziś) zboże i banany, hodował kozy i świnie? Nie mamy pojęcia. Tak się składa, że niemal wszystkie znaczące hodowlane zwierzęta (wielbłąd, krowa, koza, owca, świnia, koń) nie są afrykańskim wynalazkiem; przywędrowały tu z Azji, zwykle najpierw trafiając do delty Nilu, wylęgarni zachodnioafrykańskiego rolnictwa.

I proszę sobie wyobrazić, kiedy to było – przecież znajdowane w Afryce ślady udomowionych przodków dzisiejszych owiec i kóz liczą sobie dobre 8 tysięcy lat! O pierwszym udomowionym przodku dzisiejszej krowy słyszymy 10 tysięcy lat temu na terenie dzisiejszej Turcji. Już 2 tysiące lat później w dolinie Nilu trwa już jednak produkcja krowich serów i jogurtu! Wiedza rolnicza z pewnością wędruje na Wschód, przez (jak już wspomnieliśmy – całkiem uprawną Saharę) i dociera pewnie również do naszych rolników z okolic współczesnego Kamerunu. Oni też do wielu rzeczy dochodzą pewnie sami, metodą prób i błędów. Odkrywają, jak potrzebne jest człowiekowi zawarte w mleku białko, że nie służy mu spożywanie wyłącznie węglowodanów. Produkcja roślinna kwitnie tu od dawna. Jeszcze zanim wynaleziono narzędzia z metalu, uprawiano w Afryce proso, sorgo, ryż, bulwiaste banany oraz bogaty w skrobię jams. Pszenica, jęczmień, cieciorka, soczewica, „udomowione” jakieś 10 tysięcy lat temu na terenach dzisiejszego Bliskiego Wschodu, dotrą do Afryki nieco później, wraz z kolejnymi migracjami i karawanami.

Afryka przed przyjściem na świat Chrystusa, nie tylko pod względem temperatury, przypomina tygiel. Ileż tam się wtedy dzieje! Od archeologów dowiadujemy się, że pewnie w czasach ciut przed Abrahamem (2 tysiące lat przed naszą erą) wędrowni pasterze i hodowcy z terenów dzisiejszej Etiopii, Sudanu i Egiptu zatrzymują się w swoim marszu na południe na równinie Serengeti, w dzisiejszej Tanzanii (gdzie 200 tysięcy lat wcześniej po raz pierwszy pojawił się h*omo sapiens*). Spotykają się tam z Buszmenami, myśliwymi i zbieraczami, mówiącymi (charakteryzującymi się mlaszczącymi dźwiękami) językami z grupy Khosa, pochodzącymi z terenów dzisiejszej RPA. Część Buszmenów po tym zderzeniu wraca na południe kontynentu, by tam układać swoje niełatwe stosunki z ludem San oraz Khoikhoi. Pozostali zostają w Afryce Wschodniej i organizują współpracę z ludźmi z Północy. Da się? Da się. Przy tak mikrym zaludnieniu naprawdę wystarczy tu miejsca dla wszystkich.

W tym samym czasie na drugim końcu kontynentu pełną parą pracują kopalnie rud żelaza (z regularnymi korytarzami wydobywczymi) na terenie dzisiejszych Czadu, Nigerii, Ghany i RPA. Historycy spierają się, czy technologię wytopu metali (również miedzi) zaimportowali do Afryki Fenicjanie (*via* ich kolonia, Kartagina), czy Afrykańczycy ogarnęli temat sami, z pewnością jednak już 500 lat przed Chrystusem dymarkowe huty pracują w dorzeczu Nigru. A więc całkiem blisko owego matecznika rolniczych ludów Bantu, które właśnie wyruszają na swoją panafrykańską trasę. Czy ich wymarsz związany był z tym, że mieli narzędzia, które pozwalały im nie bać się już dzikich zwierzaków i swobodnie zarządzać uprawą ziemi w tych miejscach, w których chcą, a nie tylko tam, gdzie np. zawsze nie było lasu?

Z panoramicznego lotu wracajmy jednak znów do roku 30, do okolic Livingstone. Niepodobna ustalić składu krwi, jaka płynie w żyłach żyjącego tu Jezusowego rówieśnika. Oprócz genów jakiegoś rdzennego, lokalnego ludu może mieć w sobie – jak powiedzieliśmy – już krew Bantu (choć niektórzy historycy zarzekają się, że jest na to jeszcze o paręset lat za wcześnie). Może jego przodkowie pochodzili z żyjących tu wcześniej (a później wypartych) ludów Khoi albo San, Bóg jeden to wie. Mieszkał prawdopodobnie w chacie wykonanej z drewna i popularnej wśród ubogiej ludności do dziś mieszanki gliny ze żwirem. Prawdopodobnie nie zmieniał miejsca zamieszkania, bo nie musiał już biegać za stadami zwierzyny, być może miał w obejściu parę kóz czy owiec. Nie można wykluczyć, że umiał już zebrać rudę żelaza i przetopić ją w przydomowej dymarce na własne potrzeby, zrobić ostrza albo jakąś klamrę. W połowie XX wieku archeolodzy znajdowali na obszarach dzisiejszej Zambii sporo śladów po pierwotnym hutnictwie (garnki, zwały żużlu), datowane na pierwsze wieki naszej ery. W co wierzył?

O afrykańskich mitach i wierzeniach można by napisać książkę (gdyby nie to, że jedną, wspaniałą książkę napisał już na ten temat Eugeniusz Rzewuski – odsyłam do bibliografii; słowo daję, że jako człowiekowi, który ma dość ścisłe związki z Afryką, żuchwa opadła mi do ziemi, gdy zobaczyłem, jak współczesne napięcia w Kongo czy w Rwandzie odbijają się w tworzonej przed wiekami mitologii). W zdumiewająco wielu pojawia się – ultraciekawy – wątek Boga stworzyciela, który czasem tworzy świat w dwa dni, czasem w siedem (a czasem „na początku jest Słowo" – jak w Ewangelii świętego Jana oraz mitologii tanzańskiego ludu Pangwa). Zwykle ma też ze światem bardzo żywe relacje. Choć czasem – jak w mitologii żyjących w Sudanie wysokich i dumnych Dinków – zrywa sznur łączący niebo z ziemią, przerażony zachłannością człowieka.

Pewnie jak większość ludów Afryki w tamtym czasie – nasz bohater wierzył w duchy sił natury, od których zależały plony. Być może był całkiem dobrze zorientowany w sytuacji geopolitycznej okolicy. Nie można wszak wykluczyć, że i tu działał system tam-tamów, obsługiwanych przez wioskowych specjalistów bębnów, których sieć była w stanie przenieść informację na odległość ponad pięciuset kilometrów w ciągu doby. Wątek, który powraca w pracach specjalistów od ówczesnej Afryki, to zdziwienie faktem, że niewiele odnajdywanych struktur ma jakiś system zabezpieczeń, umocnień, uzbrojeń. Jakby ci ludzie nie chcieli (albo nie mieli przed czym) się bronić. Jasne, że zdarzały się mordobicia i eksterminacje, zasadniczo jednak wydaje się, że nawet tak różne od siebie plemiona, jak Buszmeni i ludy Bantu, były też w stanie spokojnie funkcjonować obok siebie, nie wchodząc sobie w paradę. Bo przecież jedni nie potrzebowali zwierzyny łownej, a drudzy i tak nie wiedzieli, o co chodzi z polami i zagrodami. Ba – często współpracowali ze sobą i wymieniali się tym, co każda ze społeczności wypracowała.

Wreszcie – czy wiadomo, jak długo nasz prazambijski rolnik żył? Podstawowym błędem popełnianym przy tworzeniu umysłowych reprezentacji związanych z długością życia w Afryce (zwraca na niego uwagę również van Reybrouck) jest brak świadomości, że za tragicznie niską średnią odpowiada w największej mierze olbrzymia śmiertelność noworodków. Podobnie jak w starożytnym Rzymie (w którym średnia wieku wynosiła niespełna lat 30), gdzie nie żyli wyłącznie nastolatkowie, w Afryce też spotyka się całkiem wielu starców (choć może nie aż tak zaawansowanych w latach, jak Papa Nkasi, rozmówca van Reybroucka liczący sobie 126 lat). Rzecz jest prosta: jeśli człek przeżył dzieciństwo – mimo wszystkich malarii i much tse-tse – ma szansę dożyć starości. Niewykluczone więc, że będzie schodził z tego świata w czasie, gdy Tytus burzyć będzie Jerozolimę, może dociągnie do roku setnego, gdy w Peru powstawać będą piramidy Słońca i Księżyca?

Myśląc o nim, zastanawiam się, na co miał nadzieję. Grecko-rzymski świat przez ostatnie dwieście–trzysta lat czekał na jakąś Dobrą Nowinę jak kania na deszcz. Gołym okiem widać, że wszystko w nim trzeszczy, pruje się po szwach, zdumiewa finezja wypracowanych przez ludzi narzędzi politycznych, artystycznych, gospodarczych, w poznawczy stupor wprawia też jednak to, jak bardzo nie przyczyniły się one do tego, by poprawić moralną konstrukcję człowieka. I w III wieku przed naszą erą, i w XXI wieku naszej ery sytuacja jest analogiczna: z tego, że człowiek więcej może, nie chce jakoś wyniknąć, że staje się lepszy.

Nie wiem, o czym marzył rolnik znad przełomu Zambezi, o czym myślał, gdy udało mu się może dotrzeć nad przepiękny, majestatyczny wodospad, nad którym w wilgotnych miesiącach z daleka widać już unoszącą się olbrzymią chmurę wodnej pary. Wiem, czego mu zazdroszczę. Czystej świadomości, że niezależnie od wszystkiego – ten wodospad stał tu od zawsze i zawsze stał będzie. Nie wiedział jeszcze, że świat można zniszczyć jednym naciśnięciem stosownego guzika. Nie wiedział, kim są bezdomni czy cierpiący na strukturalny głód (bo wtedy w Afryce nie istniała, zdaje się, niezwiązana z produkcją żywności własność ziemi – ziemia należała do tego, kto ją w danej chwili uprawiał, nie można było ziemi mieć po to, żeby ją mieć). Nie miał swoich celebrytów, do których mógłby wzdychać i przeżywać życie w rozpaczy, że nie jest kimś innym. Nie miał funduszu emerytalnego, który kazałby mu dziś uiszczać opłatę za iluzję dostatniej przyszłości. Patrząc na możliwe warunki życia – z naszego punktu widzenia z pewnością miał przerąbane. Zazdroszczę mu jednak całym swoim sercem, bo my mamy przerąbane dużo, dużo bardziej.

Nie wiem, czego mu życzyć. Za długo już żyję, by wiedzieć, że naprawdę nie każdy może chcieć tego, czego ja chcę. W mitologii żyjącego jeszcze w Tanzanii jednego z najstarszych ludów tej części Afryki (pochodzenia jeszcze buszmeńskiego), Sandawe, pozytywnym bohaterem jest Księżyc, a negatywnym – Słońce. Eugeniusz Rzewuski pisze: „Słońce związane jest ze śmiercią, samo bowiem umiera codziennie, zniżając się ku swej mogile na zachodzie. Podobnie umierają ludzie – strona zachodnia jest krainą umarłych. Nic więc dziwnego, że Sandawe mówią: „piękna jak Księżyc" i wystawiają ku niemu buzie swoich dzieci, by nabrały blasku od wielkiej prababki. Słońce zaś nie jest piękne, zresztą samo nie pozwala na siebie patrzeć. Słońcem się przeklina. Najgorsze przekleństwo Sandawe, karane tak surowo jak złośliwa magia, to „niech zobaczy cię Słońce" – co znaczy w intencjach mówiącego – „niech cię spali". Kolego, nie daj się spalić.

Rozdział XVII

Barabasz. Zwycięzca wyborów powszechnych.

W czasach Jezusa Jego ojczyzna, Galilea, nie była bynajmniej sielankową okolicą. Nie inaczej było pięćset czy tysiąc pięćset lat przed Chrystusem. Podobnie jest dzisiaj. Gdyby uprzeć się i chcieć dobudowywać do geografii jakieś religijne metapoziomy, trzeba by stwierdzić, że przy bramie, przez którą na świat wchodził Bóg, musiało się najwyraźniej też stłoczyć całe złe tałatajstwo tego świata. By właśnie tam, gdzie rozlało się dobro – kopać, gryźć, męczyć i manifestować swoją obecność. Miejsce wjazdu króla obstawili chcący go opluć agresywni demonstranci. By Mu pokazać: zobacz, jak piękny jest ten Twój świat, jak kochani są ci Twoi ludzie. Popatrz! Złodziej na złodzieju, oszust na oszuście, porwania, wojny, zamachy, pełne spektrum obrzydliwości.

Galilea, jaką codziennie oglądał Chrystus, która była Jego domem, to przede wszystkim miejsce totalnej społecznej nierówności. Nie istniała tu klasa średnia, jak w Rzymie, w którym próbowali ją stanowić zamożniejsi urzędnicy, żołnierze, wyzwoleńcy albo wręcz znaczący i zamożni niewolnicy (bywało tak, że dobrze ustawiony niewolnik był dużo lepiej sytuowany i finansowo, i społecznie niż niejeden wolny). Społeczeństwo Galilei składało się z klasy wyższej i niższej: arystokracji: państwowej, religijnej i finansowej, oraz reszty świata. Liczebność pierwszej różni badacze szacują różnie, ale realne wydaje się, że nie należało do niej więcej niż 10 procent Jezusowych ziomków. On sam zaliczał się do przytłaczającej większości, którą zbiorczo można określić mianem (większych lub mniejszych) biedaków. Pytanie, skąd wzięło się owo dość dramatycznie zarysowane rozwarstwienie, skoro u swoich początków lud wybrany był po prostu wspólnotą rolników indywidualistów, którzy nie mieli żadnych królów, żadnego nad sobą władcy innego niż sam Bóg? W Piśmie i Prawie stoi jak wół: ziemia należy do Jahwe, a więc nikt nie powinien teoretycznie rościć sobie praw do niej, kumulować własności, urządzać podbojów. Więc dlaczego rościł, kumulował i urządzał? Przepraszam za bolesny truizm, ale nic innego naprawdę napisać tu nie można: taki właśnie jest człowiek. Trzy tysiące lat temu i za dwa tysiące lat. Jak słusznie zauważył amerykański biblista Mark E. Moore: „Naród wybrany nie miał i nie monopolu na niewierność Przymierzu".

Nie mam kompetencji, by dawać w tej książce wykład historii Izraela. Dość powiedzieć, że po parunastu wiekach wojen (w tym bratobójczych), chodzenia w niewolę, kombinowania, jakby tu obejść wyraźne i jasne Boże nakazy (np. ten polecający raz na siedem lat darować długi, a raz na pięćdziesiąt – zwrócić ziemię tym, którzy pierwotnie ją od Boga „dzierżawili"), po zakrętach kolaboracji z różnymi okupantami: hellenizowaniu się, romanizowaniu i urządzaniu antyhelleńskich i antyrzymskich powstań, po totalnym upolitycznieniu, zmerkantylizowaniu i zbrzydzeniu funkcji kapłanów, po rozbijaniu nielicznej warstwy wyższej na kolejne podwarstwy (faryzeusze, saduceusze, esseńczycy), doszliśmy na przełomie er do punktu, w którym Ziemią Świętą, samym życiem w niej, można się po prostu poparzyć.

Gdyby do Galilei wpuścić statystyków z GUS-u, wróciliby pewnie z informacją, że ojczyzna Jezusa to kraj zdecydowanie rolniczy. Spośród około miliona hektarów powierzchni Izraela w momencie urodzin Chrystusa „uprawialne" były dwie trzecie. Udział rolnictwa w gospodarce Ziemi Świętej różni spece szacują na 70–90 procent. Statystyczna palestyńska rodzina z tamtych czasów żyła więc na wsi (mieszkańcy miast to maksimum jedna dziesiąta populacji kraju). Uprawiali warzywa, oliwki, wino, balsam. W okolicach Jeziora Galilejskiego zdarzali się też rybacy i przetwórcy ryb dokonujący ich solenia. W miastach – drobni rzemieślnicy i właściciele małych firm: handlowych, usługowych, producenci biżuterii, znani ze sceny wypędzenia ze świątyni wymieniacze walut (za prowizją 8 procent) etc.

Owa przeciętna rodzina składała się z pięciu–sześciu osób, uprawiała pewnie od dwóch do sześciu hektarów ziemi. Co w latach z lepszą pogodą mogło wystarczyć, by związać koniec z końcem, ale wystarczył jeden rok suszy albo drugi jakiegoś innego kataklizmu (za ziemskiego życia Jezusa wielka susza miała miejsce w 29 roku naszej ery, w 19 i 30 roku naszej ery miały miejsce trzęsienia ziemi) – i trzeba było się zapożyczać. Nieustanne tonięcie w długach to bez wątpienia jeden z największych kłopotów, jakie męczyły w tamtym czasie rodaków Chrystusa. A to nie były przelewki. Nie istniała instytucja bankructwa konsumenckiego, za niespłacone długi (o czym Jezus wspomina w przypowieściach) szło się do więzienia albo było sprzedawanym w niewolę.

Ludzi dobijały podatki. Musieli płacić daniny właścicielowi ziemi (mało kto miał już wtedy własną ziemię, większość ją dzierżawiła), a także władzy żydowskiej, rzymskiej, oraz uiszczać podatki religijne. Gdy zsumuje się wszystkie obciążenia: pogłówne, czynsze, procenty od produkcji, obowiązkowe „cołaski" na świątynię, opłaty za pierwociny plonów oraz dziesięciny, może się okazać, że łączna suma ciężarów podatkowych zbliżała się do 50 procent. I to w sytuacji, gdy i bez tego spora część ludności w zasadzie permanentnie funkcjonowała na granicy (lub poniżej) minimum socjalnego. Gdy więc Jezus mówi ludziom, by nie troszczyli się o jutro, o to, co będą jeść i pić, część prawdopodobnie odnajdywała w tych słowach szaloną nadzieję, inni – wyłącznie szaleństwo. I robili to, co robią niektórzy słuchacze tych słów dwa tysiące lat później: pukali się w głowę (czy jakkolwiek w ówczesnej Galilei sygnalizowało się brak oleju pod czaszką) i wracali do swoich zajęć.

Podstawą pożywienia ludzi na dole społecznej drabiny był chleb, oliwa z oliwek, czasem warzywa (cebula) i jajka. Trzy czwarte wiejskich rodzin mieszkało w jednoizbowych chatkach (o powierzchni 10–20 m kw.), zbudowanych z suszonej na słońcu cegły, przykrytych gałęziami, z niewielkim okienkiem. Mniej więcej jedna dziesiąta biedoty miała nieco bardziej „wypasione" miejscówki: z małym dziedzińcem, większymi oknami, kilkoma izbami. Bezdomni, chorzy, żebracy, prostytutki, pasterze, bandyci oraz ludzie, którzy stracili wszystko, a jakimś cudem nie stracili wolności – stanowili od 15 do 20 procent populacji.

Liczba owych wykluczonych: biednych, pozbawionych dachu nad głową i jakichkolwiek perspektyw zwiększała się z dekady na dekadę. Tak się bowiem ciekawie chronologicznie złożyło, że nasz Pan na własne oczy mógł oglądać przejście od systemu gospodarki opartej na wymianie i wspólnocie do wolnego rynku i czystego kapitalizmu. Obserwował też wyzwania i skutki archaicznej formy globalizacji: włączania palestyńskiej ekonomii do gospodarki Cesarstwa Rzymskiego. Co – ponieważ Żydzi nie mieli wtedy zacięcia do podróży, handlu zagranicznego, byli po prostu osiadłymi rolnikami – pociągało za sobą coraz więcej ofiar. Które albo umierały z głodu czy z wywołanych niedożywieniem chorób, albo zasilały szeregi pracowników najemnych (plastycznie opisanych w Jezusowej przypowieści o robotnikach czekających cały boży dzień na angaż na dniówkę w winnicy), albo szli żebrać. Albo brali się za bandyterkę.

Konflikty, bójki i inne ruchawki wybuchały co chwilę. Chwilę po narodzeniach Jezusa sporych rozmiarów wiejskie powstanie spaliło pałac Heroda Wielkiego w Jerycho, by uczcić w ten sposób wieść o jego śmierci. Bunty, i to całkiem spore, przeciwko temu władcy wybuchały już wcześniej i zwykle były krwawo tłumione. Ludzie protestowali, bo mieli dość podatków, z których Herod finansował kolejne spektakularne budowle dedykowane Rzymowi (niektórzy badacze twierdzą, że cała jego opresyjno-inwestycyjna ekonomia zawaliłaby się, gdyby nie – skąd my to znamy – pieniądze przysyłane do domu przez Żydów, którzy wyjechali na emigrację zarobkową, czyli przez tzw. diasporę). Drażniły ich też manipulacje przy obsadzaniu religijnych stanowisk totumfackimi i wazeliniarstwo wobec rzymskiego okupanta. Po śmierci Heroda (gdy jego królestwo rozdzielono między trzech synów) powstały trzy odrębne jednostki administracyjne: Judea, Galilea i państewko Heroda, Filipa. Kolejne powstanie miało szansę wybuchnąć w Jerozolimie (Judea), ale jej nowy władca, Archelaus, okazał się godny taty i gdy ludzie zaczęli szumieć, wyrżnął w pień trzy tysiące poddanych. Podobna sytuacja mogła mieć miejsce w Galilei, gdzie ludowe powstanie pod wodzą Judasza Galilejczyka zaatakowało miasto Seforis, zrównane podobno z ziemią przez legiony wezwanego do uspokojenia sytuacji rzymskiego wodza Warusa (niektórzy twierdzą, że przy odbudowie Seforis, która stała się później perełką w koronie nowobogacko-prorzymskiego Heroda Antypasa, mógł pracować młody rzemieślnik Jezus wraz ze swoim ojcem, Józefem).

Gdy Jezus miał około dziesięciu lat, Archelaus, który w międzyczasie rozwinął swoje tyrańskie zdolności, został przez Rzymian usunięty z tronu i zastąpiony ichniejszym prokuratorem. Jedyne w miarę pewne (choć mocno stronnicze) źródło z tych czasów, żydowski arystokrata Józef Flawiusz, nie raportuje w czasach Jezusa jakichś większych powstań o zasięgu ogólnokrajowym. Wielka antyrzymska rewolta wybuchnie dopiero w latach 60. naszej ery i zakończy się całkowitą destrukcją Jerozolimy. Istnieje jednak sporo danych przemawiających za tym, że w pierwszej połowie I wieku naszej ery w Judei i Galilei mocno rozwinięta była przestępczość pospolita: napady rabunkowe (na domy bogatych, na transporty, na oddziały wojskowe), podpalenia, wymuszenia, oszustwa. Żydzi z najniższych warstw społecznych dokuczali okupantom, jak mogli, archeologowie sugerują nawet, że w czasach Jezusa mogli prowadzić coś na kształt bojkotu konsumenckiego towarów nieżydowskiego pochodzenia.

Nietrudno się domyślić, z jak sympatyczną reakcją zarówno rzymskiego okupanta, jak i jego królika – klienta, Heroda, musiała spotykać się ta wywrotowa działalność. Sytuacja zaogniała się do granic eksplozji również dzięki kulturowej niezgrabności prokuratora Judei, Piłata, który wprowadził do świętego miasta zakazane przez żydowskie prawo wizerunki cesarza. Innym razem urządził krwawą łaźnię Żydom protestującym po tym, jak okradł skarbiec świątyni i zabrał środki przeznaczone na zakup ofiarnych zwierząt, chcąc je wydać na budowę mającego dostarczać wodę do Jerozolimy akweduktu. Prokurator miał oczywiście w ręku argument siły: u siebie trzy do sześciu jednostek pomocniczych z Sebaste i Cezarei, a gdyby potrzebował pomocy – stacjonujące w Syrii cztery legiony, z których jeden, Legion X, *Legio Decima Fretensis,* stał tuż tuż, po drugiej stronie Jordanu i Jeziora Galilejskiego.

Ekonomiczno-polityczno-religijna zupa kipiała jednak na całego. Aż, jako się rzekło, w trzydzieści lat po śmierci Jezusa, wykipiała. Historycy wymieniają imiona kolejnych ludowych przywódców z czasów Jezusa i dzieci Jego uczniów: Ezechiasz, Judasz Galilejczyk, Eleazar (naprawdę niezły zawodnik, któremu udawało się umykać przed ukrzyżowaniem przez z górą 20 lat). Do tego dochodzą wspomniani już, a zorganizowani nie gorzej niż kompania Janosika zwykli zbójcy, którzy upodobali sobie jaskinie na wzgórzach wokół Jeziora Galilejskiego, i przywódcy wybuchających raz po raz lokalnych bijatyk z nielubianymi mieszkańcami zhellenizowanego Dekapolu, miast po drugiej stronie jeziora. Do tego „prorocy" (dzielący się na posiadających wyznawców oraz samotników). Z których część sugerowała, że to oni są mesjaszami – królami, specjalnymi wysłańcami Boga, który nie zostawia swojego ludu w czasie ucisku i kryzysu. Spośród wszystkich wymienianych w źródłach mnie najbardziej ujął chyba niejaki Jezus, syn Ananiasza, rolnik, który w 62 przywędrował ze wsi do Jerozolimy, by wkurzać kapłanów i starszyznę wykrzykiwanymi na ulicach proroctwami o mającym nadejść wkrótce zburzeniu stolicy (a o swojej prawdomówności zaświadczył życiem, gdy rzymska machina oblężnicza poczęstowała go kulą w łeb). Takie to były czasy i taka ziemia, że co trzy wioski rodził się tam kolejny przywódca partyzantów, wyznawca „czwartej drogi" (czyli innej niż ta faryzeuszów, saduceuszów i esseńczyków) albo zwykły fan przekształceń własnościowych (zabierający tym, co mają, żeby dać tym, co mają mniej; lub odwrotnie). Do której z tych kategorii zaliczał się Barabasz? Słynny z tego, że w dniu, gdy dokonał się sądowy mord na Jezusie, to właśnie jego Żydzi obdarowali amnestią, choć – zachęcani przez Piłata – mogli ocalić od śmierci Chrystusa? Czym ich tak ujął, że uznali go za postać cenniejszą od rabbiego z Nazaretu?

Cała historia tego człowieka jest w jego imieniu. Najnowsze tłumaczenie Ewangelii Mateusza na język polski, tzw. Biblia Paulistów, przywraca mu imię, które miał w znacznej części rękopisów: Jezus Barabasz. Gdzie „bar Abbas" nie znaczy nic innego, jak „syn ojca". Mamy tu więc taką oto sytuację: zgromadzona pod rezydencją cesarskiego urzędnika ludzkość wybiera, kogo chce wysłać dziś brutalnie na łono Abrahama. Wybiera między dwoma Jezusami, z których obaj są też „synami ojca", tyle że tylko u jednego z nich ów „ojciec" pisany jest dużą literą. Czy przy tak oczywistym symbolicznym ładunku tej sceny można nie podejrzewać, że ktoś tu coś dopisał, żeby podkręcić dramaturgię, docisnąć swoją teologię?

Z tego rodzaju argumentacją jest zawsze tylko jeden kłopot, ten sam, o którym wspominałem, przyglądając się weselu w Kanie Galilejskiej: z tego, że coś pasowało ewangeliście do narracji, nie wynika przecież wcale, że to sobie wymyślił. Dlaczego mam *a priori* zakładać, że jeśli w Ewangelii jedno wynika z drugiego, to jest przypuszczenie, że kłamie? Dopóki nikt w sposób przekonujący nie udowodni, że Barabasza nie było – mam prawo przypuszczać, że on był. A ponieważ wierzę w życie wieczne – wierzę w coś jeszcze bardziej porażającego: że on mianowicie wciąż jest.

No dobrze, ale kim był, w roku 30, gdy jeszcze żył tu? Ewangeliści wiedzą na pewno tylko tyle, że Jezus Barabasz był moralną antytezą Jezusa Chrystusa. U Mateusza Barabasz jest „znanym więźniem", u Marka: „uwięzionym z buntownikami, którzy popełnili zabójstwo podczas rozruchów", u Łukasza jest sprawcą owych rozruchów i zabójstwa, u Jana – po prostu „przestępcą". Najbardziej wyczerpujący jest opis Marka, a sytuacja chronologicznie pasuje prawdopodobnie do wspomnianych wyżej zamieszek, jakie wybuchły po Piłatowym rajdzie na świątynne sejfy. Buntowników przeciw rzymskiej władzy krzyżowano w tamtych czasach hurtowo (bywało, że i parę tysięcy za jednym zamachem; spore przedsięwzięcie logistyczne, ale Rzym był sprawnym państwem), nic więc dziwnego że i złapany żywcem Barabasz mógł oczekiwać takiej właśnie kary.

Nie mamy na to absolutnie żadnych historycznych dowodów, ale puszczając wodze fantazji, możemy postawić tezę, że Barabasz mieszkał w Jerozolimie. Mogłoby to po części wyjaśniać, dlaczego jerozolimski tłum na pytanie Piłata, kogo obdarować amnestią, tak wyraźnie opowiedział się za swoim ziomkiem, nie za przybyszem ze wsi, z Galilei. Być może ich decyzja miała jeszcze jedno piętro: Jezus, wspierany przez przybyłych wraz z Nim pielgrzymów, odnosił się nader chłodno do sprostytuowanego przez politykę i biznesy świątynnego kultu. A świątynia była przecież życiem jerozolimczyków i co równie ważne – ich dochodem. Proszę sobie wyobrazić, co czuliby, myśleli i mówili górale, gdyby Zakopanemu chciano zabrać Tatry albo Sopotowi – morze.

W biblijnych komentarzach pojawia się jeszcze jeden, bardzo ciekawy wątek, sugerujący, że domagający się ukrzyżowania Jezusa tłum, drący się jak opętany, rzeczywiście był opętany. Nie byłby to pierwszy przypadek wzmiankowany w Ewangelii. Coś nie tak z duchowym deklem musieli mieć choćby mieszkańcy Gerazy, którzy po tym, jak Jezus uwolnił jednego z nich od wrednego ducha, zamiast w radość – wpadli w lęk i zaczęli usilnie Go prosić, żeby już sobie od nich poszedł (a może po prostu mieli do Niego żal o to, że wypędzone złe duchy weszły w świnie, które poszły się utopić – świnie dla Żydów były zwierzętami nieczystymi, ale dla zhellenizowanych gerazeńczyków widać nie). Może wytłumaczenie jest prostsze. Może po prostu zadziałała tu psychologia tłumu, któremu wystarczyło rzucić (a zrobili to polityczno-religijni wrogowie Jezusa) hasło, by zaraz zaczął się nakręcać i domagał się uwolnienia gościa, który z nożem w ręku walczył o ich niepodległość, a nie Tego, który kazał Piotrowi schować miecz, polecał „oddawać cesarzowi, co cesarskie", słowem: nie miał dość – wybacz mi, Panie Jezu – jaj, by stać się takim mesjaszem, jakiego wymarzyli sobie ci udręczeni ludzie. Finał znamy. Jerozolimska tłuszcza dostała z powrotem owego „misia na miarę naszych możliwości". Trzydzieści lat później on i jemu podobni ruszą na narodowowyzwoleńcze barykady, co skończy się tym, że ich naród na następnych 19 wieków będzie mógł zapomnieć o samostanowieniu, autonomii, państwowości.

Wracając jednak do Barabasza. To mnie naprawdę boli, że nie wiem o tym człowieku nic więcej. Nie lubię, gdy historia zazdrośnie strzeże prawdziwej historii ludzi, których przeszyła na sztandar jakiejś sprawy. Konfrontacja jest tu nader oczywista. Barabasz nieprzyjaciół dźga nożem, Jezus każe ich kochać. Barabasz zabija, Jezus leczy. Barabasz to wódz wymyślony przez ludzi, Jezus to król, którego legitymacja nie pochodzi z tego świata.

Wreszcie – i to jest dopiero paradoks – Barabasz, aktywny przywódca, działacz, w tej konkretnej sytuacji, gdy zastajemy go przed sądem Piłata, jest po prostu pionkiem: nie ma nic do gadania i na nic nie ma wpływu. Nic od niego nie zależy, wszystko zależy od innych. Jezus – dokładnie odwrotnie! On do samego końca podejmuje decyzje, sam stanowi o sobie. To Jego wybór, że nie ucieka spod krzyża, zostanie zabity, do końca będąc wolnym człowiekiem, a Barabasz przeżyje jako niewolnik tych, co wykrzyczeli mu amnestię. Swoją słabość obnażają zresztą w konfrontacji z Panem wszyscy aktorzy tego dramatu: Barabasz, człowiek siły – jest bezsilny; siłą Sanhedrynu ma być jego rozpoznawanie prawdy – okazuje się, że sędzia jest ślepy; Piłat podobno ma totalną władzę, a w końcu wbrew sobie ustępuje Żydom (bojąc się, że zrobią kolejne rozruchy, znów będą okupować mu dom albo obnażać szyje, krzycząc, by ich od razu pozabijał, a nie brukał ich świętości – wszystkie te sytuacje parę razy już na nim ćwiczyli).

Czy Barabasz był do szpiku złym człowiekiem? Nie ma żadnych danych, które pozwalałyby to stwierdzić. Czy nie zasługiwał na życie? No jasne, że zasługiwał. Każdy zasługuje. Dlaczego więc dobrym czynem miałoby być zgładzenie go kosztem wolności Jezusa? Hola, hola – a kto mówi, że byłby to czyn dobry? W żadnej śmierci nie ma nic dobrego, egzekucja Barabasza byłaby więc złem. Zabicie

Jezusa było jednak aktem, na którego opis w ludzkim języku nie ma słów. Bo jak zmieścić w słowach to, że stworzenie z niepojętym okrucieństwem, po torturach i wszystkich dostępnych upokorzeniach, zabija swojego Stwórcę? Funduje mu śmierć dla zdrajców i niewolników?

Analizując passus o Barabaszu, mistrzowie duchowości i kaznodzieje powtarzają zwykle, że oto trzeba bardzo uważać, by mając do wyboru dobro i przebrane za dobro zło (bo ono zawsze przebiera się za dobro), dokonać roztropnego wyboru. To prawda, ja widzę tu jednak coś jeszcze. Otóż w mojej amatorskiej ocenie akurat tu nie mieliśmy sytuacji: zło i dobro. Bo jeśli wierzymy w historyczność Ewangelii, musimy uznać – jako się rzekło wyżej – że Barabasz nie był jedynie symbolicznym antychrystem, był żywym człowiekiem, a żaden człowiek, choćby najgorszy, złem nie jest. Szatańskim pomysłem był więc nie wybór Barabasza, ale samo wzięcie udziału w akcie wybierania, kto ma żyć, a kto ma dziś umrzeć w mękach. To nie Barabasz jest więc „małpą" Jezusa, to ten wrzeszczący tłum jest przerażającą parodią Boga. Uzurpującą sobie Jego wyłączne prerogatywy. Miara zepsucia, rozkładu świata rzeczywiście w tym dniu się wypełnia: relację Boga z ludzkością ludzkość kończy, poddając Go procedurom demokracji. A precyzyjniej: ochlokracji, bo tak fachowo określa się sytuację, gdy najważniejsze decyzje dotyczące losu zbiorowości podejmuje tłum, motłoch, kierująca się kaprysem, emocją, lękiem, żądzą albo po prostu głupotą tłuszcza.

Co się działo z Barabaszem po amnestii? Jeśli zachował narodowowyzwoleńczy temperament, pewnie i tak zginął, czy to w czasie wojny żydowskiej, czy przy innej rozruchowej okazji ciut wcześniej. Może nadal wiódł życie jakiegoś jerozolimskiego rzemieślnika, może miał stragan, minihutę szkła – robił błyskotki dla pielgrzymów, coś naprawiał, czymś handlował? Przeprowadził się na wieś? A może stał się cud i poruszony całym zajściem, w którym brał udział, zrozumiał, że popękaną na wszystkie strony Palestynę da się skleić tylko w jeden sposób: nie zabijając okupantów (niczym William Wallace) i rabując bogatych (jak nasz słowacko-polski Janosik), ale próbując wdrożyć w życie koncept polityczny rabbiego Jezusa z Nazaretu.

Bardzo ciekawie wyłuszcza go wspomniany już wyżej Mark E. Moore. Pisze on, że w Izraelu, w którym najwyższym władcą i źródłem wszelkiej władzy był zawsze Bóg, król był „złem koniecznym", tymczasowym wyjściem awaryjnym na czasy jakiegoś kryzysu. Naród wybrany tak się jednak oswoił z systemem sprawnie działającym u pogan (którzy królów mieli zawsze), że w pewnym momencie zapomniał już o pierwotnych ideałach. Życie w Palestynie w ostatnich wiekach przed Chrystusem stało się już tak nieznośne, że Żydzi wypatrywali sobie oczy za mesjaszem, królem nowej jakości, innego porządku, za Sługą Jahwe. I Bóg im Go dał. Dał im swojego Syna, który nie unieważnił ziemską politykę, ale zaproponował zupełnie nowy model jej uprawiania.

Moore zwraca uwagę, że Jezus w Ewangelii nie ochrzania wcale Jakuba i Jana za wyrażone przez nich wprost pragnienie zasiadania na stołkach tuż obok Niego, gdy już obejmie władzę. Nie, On im jedynie mówi, w jaki sposób mogą wymarzoną pozycję osiągnąć: przez służbę innym, aż do oddania za nich życia. Jezus nie wypiera się władzy ani jej w jej istocie nie potępia. Mówi tylko, że jedyną pochodzącą rzeczywiście od Boga formą jej sprawowania jest troska o najsłabszych i totalne niezwracanie uwagi na własne korzyści: splendor, dochody, zewnętrzne oznaki autorytetu, wreszcie siłę. Moore cytuje Vaclava Hacla, który pisał, że dla dysydenckiego ruchu, w którym uczestniczył, idea siłowego odsunięcia komunistów od władzy nie była zbyt radykalna, ona była za mało radykalna! Czy polityczne metodologium Jezusa z Nazaretu nie trąci nam dziś skrajną utopią? Bo co – może w niebie tak będzie, ale tu, na ziemi, wyobrazić sobie prezydenta, który je z bezdomnymi, czasem może śpi z nimi na ulicy, który jeździ do pracy komunikacją miejską, nie stroi się w ordery, a w kościołach nie siada w pierwszej, a w ostatniej ławce? Zaraz zacznie się litania: nierozsądne, niebezpieczne, nieskuteczne. Bardzo jestem ciekaw, kiedy do nas wszystkich, którzy tak święcie przekonani jesteśmy, że jesteśmy Jezusami, dotrze, że jesteśmy Barabaszem.

On już pewnie swoje z Chrystusem przegadał i wie, że jedyna rewolucja, jaka ma szansę w historii świata się powieść (a nie być w końcu utopiona we krwi przez kolejną rewolucję), to ta, która nie operuje na poziomie klas społecznych, narodów, zbiorowości, ale tłumaczy człowiekowi, co zrobić, by kochać, przyjaźnić się, rozumieć, słuchać, wspierać, dzielić się. Podkręcanie tłumu zostaje w niej zastąpione przez budowanie wspólnoty. Tłum od wspólnoty zaś rozróżnić łatwo: we wspólnocie ludzie nie tyle krzyczą, co pytają, czy może nie trzeba czegoś temu, co akurat nie krzyczy z nimi.

Proszę popatrzeć dookoła: jak często, z najszczerszych motywów, wybieramy Barabaszów. Później nosimy kwiatki na ich groby, które akurat nie okazały się puste. Przekonujemy się, z wciąż świeżym od dwóch tysięcy lat zdumieniem, że mesjasze pochodzący z demokratycznych wyborów, którzy mieli odsunąć stare, by zbudować nowe, są w stanie najczęściej zrealizować tylko pierwszą część zadania. Po czym kończą jak każdy.

Dodatek specjalny: „Nasi górą”

Król Lechii Awiłło
Leszek IV.
Siostrzeniec Cezara.
Wielki Polak. Kumpel
zabójcy Chrystusa.

Mamy upalne, przyjemne lato roku 30 naszej ery. Król Lechii Awiłło Leszek IV, zwany też Uznanym, właśnie wrócił z Bawarii, gdzie z wodzami germańskich plemion debatował o kolejnych militarnych posunięciach wobec panoszącej się na południu rzymskiej uzurpacji. Gdyby Awiłło Leszek żył dwa tysiące lat później, założyłby pewnie na Facebooku profil: „Make Lechia Great Again" albo „Lechia wstaje z kolan!". Narody, klękajcie przed lechickim panem. On nigdy nie ugnie się przed tymi, którzy spróbują narzucić mu wędziło kosmopolityzmu, poskromić batem wrogich, nielechijskich ideologii.

Niepotrzebny nam Rzym, siedlisko odrażających moralnie praktyk i narzędzie wynaradawiania Europy (i sporej części Azji oraz północnej Afryki). Nie będzie więc dłużej plugawie śmiał się w twarz zwolennik siłowej, europejskiej integracji. Tak, to prawda: za owe dwa tysiące lat potomkowie Awiłły Leszka IV na każdym kroku stawiać będą pizzerię, jeździć na narty w Dolomity i oglądać z chusteczką w ręku romantyczne filmy o Toskanii. Czy jednak zapomnieliśmy o prawdzie, którą z tysiąc siedemset lat po Leszku, a trzysta przed nami głosili ideolodzy późnego sarmatyzmu, przywoływani przez Pawła Jasienicę w jego „Polskiej anarchii"? „Pewni teoretycy szlacheccy, w chwilach wolnych od pilnowania sianokosów czy młocki, zajmowali się spisywaniem swych uwag o świecie. Pan Bóg – głosili – wyznaczył rozmaitym narodom różne zadania. Anglikom kazał więc żeglować po morzach, Żydom kupczyć. Od Polaków zaś zażądał, aby go „rekreowali i cieszyli". Świat więc to wesołe miasteczko Polaków! Dane nam, byśmy mogli odpocząć po trudach utrzymywania na barkach moralnego kręgosłupa ludzkości. Stwórca nieba nakazał, byśmy owego świata używali, ale nigdy nie pokalali się, schodząc do jego poziomu. Skundlone, małpiarskie elity, ci żałośni imposybiliści, hołdowały antywartościom, uprawiały politykę wstydu. Lechia nigdy więcej nie będzie sprzymierzeńcem Rzymu.

A była. Ojciec Awiłły Leszka, Lech III Ariowit, wojował wszak u boku Juliusza Cezara tak dzielnie i na tak wielu frontach (choćby w Galii, którą Ariowit zarządzał przez 14 lat), że ten dał mu w końcu za żonę swoją siostrę Julię. Lech III odwdzięczył się, dając jej w ślubnym podarku Serbię (a gdyby chciał dać jej np. obecne Węgry, to też by mógł – pod panowaniem Lecha znajdowała się wówczas większa część nierzymskiej Europy). Leszek IV, będący więc ni mniej, ni więcej tylko siostrzeńcem Cezara, przyszedł na świat w roku 54 przed naszą erą, a wkurzony przez Oktawiana Augusta, wstał z kolan i wraz z koalicją plemion celtycko-galijsko-normańskich w 9 r. naszej ery rozbił w pył cztery rzymskie legiony podczas słynnej bitwy w Lesie Teutoburskim (Rzymianie, pod wodzą Germanika, surowo się zemszczą już parę lat później). Związki pra-Polaka z praprzodkami kanclerz Angeli Merkel były wówczas tak silne, że cząstka „Lech" pozostała do dziś w nazwach wielu bawarskich miast i rzek. I nie tylko w bawarskich! Weźmy miasto Lech nad rzeką Lech w Alpach austriackich, które udało się dzięki osobie patrona tak wspaniale, iż przedziwnym historyczno-mistycznym magnetyzmem przyciągało i w XX wieku takie znakomitości, jak księżna Diana czy Tom Cruise („Moim zdaniem nie jest to przypadek – jest to coś, co decyduje i przyciąga szczególnie tych wielkich wtajemniczonych z kręgów masońskich, którym dane jest wiedzieć więcej" – ocenia chłodnym warsztatem historyka Janusz Bieszk, autor poświęconej pradziejom Polski publikacji, o której wiele jeszcze będzie niżej).

Cruise i Diana nie wiedzieli pewnie, że w czci dla wybitnego przedstawiciela narodu polskiego uprzedził ich już cesarz Tyberiusz. Tak, ten sam, którego urzędnik Poncjusz Piłat zabił Jezusa Chrystusa. Jezus od Rzymu dostał krzyż, a nasz Awiłło Leszek IV – tablicę (odnalezioną przez Bieszka w 2014 roku w rzymskim muzeum) z cesarskim epitafium: „Na pożegnanie Awiłłowi Leszkowi Tyberiusz

Klaudiusz grób ten z czterema framugami na osiem urn popielnych jeszcze za życia jemu jedynie dla zaszczytu na zupełną własność oddał".

Wszystkim, którzy przeczytawszy tych parę akapicików, doznali szoku, a teraz nerwowo próbują przypomnieć sobie, gdzie byli, gdy na lekcjach historii podawano tak kluczowe dla każdego Polaka wiadomości, serdecznie polecam zapoznanie się z przywołaną w bibliografii literaturą. Awiłło Leszek i cała jego dynastia jawią się tam niczym spojlery: goście, którzy pakują się w kadr wszystkich zdjęć robionych dwa, trzy i cztery tysiące lat temu. Jakiegokolwiek wydarzenia z historii starożytnej nie przywołasz – zaraz okazuje się, że w tle byli nasi Lechici. Czytając apologetów tej wizji polskiej przeszłości, naprawdę ma się wrażenie, że tylko przez kokieteryjną skromność nie ogłosili jeszcze, że Mojżesz był z Warki, piramidy budowali Kowalski z Nowakiem, a Chińczycy uczyli się hodowli ryżu pod Płońskiem (bo to, że Aleksander Wielki toczył bitwy o Kraków – już odkryli, wiedzą to i są w stanie tego dowieść).

Ja tam ich doskonale rozumiem. Przecież każdy, w kim bije prawdziwe polskie serce, czuje całym sobą, że byłoby jakoś tak głupio rozpoczynać historię tak wspaniałego narodu dopiero od dziesiątego wieku i jakichś tam królów – niedźwiadków (nasz Mieszko to przecież Miszka, czyli miś, niedźwiedź), skoro najważniejsze rzeczy działy się na świecie tyle lat wcześniej! W dobie, gdy znacznie więcej osób pisze książki, niż je czyta, nie brakuje więc historyków z radością i dumą podążających tropem dziesiątków mitów, legend i bajek, które – zwłaszcza w średniowieczu (arcymistrzem był tu błogosławiony mistrz Wincenty zwany Kadłubkiem) – opowiadano, by podnieść historyczną rangę Polaków. Ulubionym ich źródłem jest tzw. Kronika Prokosza, która albo została napisana w X wieku, albo sfałszowana w XVII przez niejakiego Przybysława Dyjamentowskiego, fascynującą postać, który zmonetyzował swą olbrzymią wiedzę historyczną, stając się zawodowym fałszerzem rodowodów, dla sportu oraz wprawy wymyślającym również i odpowiednio stylizującym stare latopisy.

Jakież cudne znajdujemy tam frazy! „Całey Polski figura podobna jest łukowi napiętemu, którego cięciwa obrócona iest ku południowi i zachodowi zimowemu, sam zaś łuk ku północy i letniemu wschodowi". Skąd taki, a nie inny herb Polski? „Polacy podczas utarczki z Rzymianami za Augusta Rzymskiego Cesarza, wydarli byli Quintillo Varo chorągiew z białym orłem". A dlaczego w ogóle „Sarmaci"? „*Sarmatae* u łacinników, *Sauromatae* u Greków, nazwani od greckiego słowa *Sauroma*, iakoby iaszczurcze oczy maiący, dla dzikości tych narodów, które się samemi woynami zabawiały".

Nie do opisania jest pułap rozkoszy, który osiąga ten, kto zagłębia się w enuncjacje przekonujących (ze śmiertelną powagą), że historia Polski zaczęła się 3700 lat temu od ojca narodu, Lecha Wielkiego, który stworzył imperium, u szczytu swej potęgi rozciągające się od Bałtyku po Adriatyk i Ural. Wspomniany już Janusz Bieszk, którego książka „Słowiańcy królowie Lechii" narobiła mi takiego apetytu, że zaraz kupiłem sobie na własność (by prawnukom puścić w spadku) reprinty kronik, a także wszystkie dostępne opracowania dotyczące „lechickich" początków Polski (pochodzące głównie z połowy XIX wieku), przekonuje, że czas skończyć z upokarzającymi Lechitów opowieściami Kościoła katolickiego (który mającego za sobą tysiące lat tradycji władcę Mieszka sprowadził do rangi kościelnego wasala) oraz niemieckiej propagandy, rozsiewającej pogłoski o tym, że Słowianie przybyli na nasze obecne ziemie w okolicach schyłku starożytności. Jak mogli przybywać, skoro mieszkają tu od dokładnie 10700 lat („I jest to bezdyskusyjne!" – pisze Bieszk, powołując się przy tym na dowody genetyczne, interpretację dokumentów, inskrypcji). Tworząc wizję, która swoim rozmachem naprawdę zapiera dech, zachwyca precyzją datacji najbardziej odległych wydarzeń, łopatologiczną wręcz konsekwencją wynikania, i jest tak urokliwa, że naprawdę trudno jest zmusić mózg, by oparł się jej czarowi.

Lech Wielki też nie mógł wziąć się ot tak, znikąd. Znamy więc jego dziadka, króla Sarmatę, który pochodził z Elamu, państwa na terenie dzisiejszego Iranu (niełatwy orzech do zgryzienia dla naszych dumnych nacjonalistów, którzy zdążyli się już podniecić wizją ojczyzny starszej od Imperium Rzymskiego, a teraz muszą przełknąć świadomość, że nasz praszczur mógł jednak być całkiem „ciapaty"). Jego synem był Kodan, który ok. 1750 roku przed naszą erą był uprzejmy założyć nam Gdańsk. Lech Wielki z kolei panował w latach 1729–1679 przed naszą erą (czyli był mniej więcej rówieśnikiem Abrahama i Hammurabiego). Miał stolicę w Gnieźnie, ustanowił szlachtę i założył dynastię, która przetrwała aż do Kazimierza Wielkiego. W jej to ramach rządzili naszymi babciami i dziadkami władcy tacy, jak Filan (jak sama nazwa wskazuje, podbił Finlandię), Car (założył Carodom, czyli Kraków, podbity przez Aleksandra Macedońskiego w 340 roku przed naszą erą i odbity przez naszego Lecha Chytrego). Był król Szczyt (który w XV wieku przed naszą erą założył Szczecin), król Posnan (co założył Poznań), no i najważniejszy z naszego punktu widzenia (kronikarzy roku 30 naszej ery), bo panujący w latach 25 p.n.e – 34 n.e. nasz bohater, król Awiłło Leszek IV, zwany Uznanym.

Co działo się, gdy wypełniło się jego pełne wspaniałych przygód, chwalebnych zwycięstw i stanowienia mądrych ustaw życie? Łatwo się domyślić – Polska to nie Hanka Mostowiak, co ginie w zderzeniu z byle kartonem. Nie zeszliśmy z dziejowej sceny, przeciwnie. Robiliśmy to, co robimy zawsze: byliśmy tacy, jak zawsze, tylko bardziej. Nasi na czele plemion barbarzyńskich przyczynili się do upadku Rzymu (jeden z lechickich królów, Radogoszcz, zginął podczas oblężenia Florencji). Mieliśmy bohaterskiego Kraka (w VIII wieku) i jego córkę,

Wandę Amazonkę (która nie tyle nie chciała pradziada Angeli Merkel, co w ogóle nikogo nie chciała, gdyż była samorządną, niezależną i skupioną na wojskowości Amazonką, więc – jak pisze Prokosz: „ofiary bogom swoim oddawszy, z rynsztunkiem się wszelakim uzbroiwszy, na dzielnym siedząc koniu z mostu w Wisłę skoczyła, a to dla zachowania panieństwa, które dożywotnio poświęciła była bogom").

W wieku IX mieliśmy Popiela Gnuśnego oraz Popiela Zbrodniczego, który dopuścił się zbrodni niesłychanej: na żądanie germańskiej agentury, czyli swojej chrześcijańskiej i niemieckiej żony, realizującej agendę rozbicia imperium lechickiego od środka i wciągnięcia go w podległość Saksonii i Kościołowi, otruł dwudziestu stryjów, książąt lechickich dzielnic. Po następującym bezkrólewiu (oburzony lud szybko odesłał Popiela śladem kuzynów), w 842 roku wiec (czyli Sejm, będący od zarania dziejów podstawowym źródłem władzy w Prapolsce) wybrał na władcę Piasta: rycerza, szlachcica i królewskiego piastuna (a nie żadną tam klasę robotniczą, jakiegoś kołodzieja). Który tak naprawdę nazywał się Koszyszko herbu Kroy i – nie wymawiając się słusznym wiekiem – natychmiast wziął do łoża wszystkie córki i wdowy pozostałe po zabitych książętach, by w ten sposób przywrócić jedność państwa. Zuch!

I gdy już się człowiekowi wydawało, że nie da się sytuacji zapętlić jeszcze bardziej, nagle zjawia się ktoś, kto bohatersko podejmuje wyzwanie. Odłożywszy książkę Janusza Bieszka, ruszyłem na intelektualny podbój pracy Piotra Makucha, który w swojej dysertacji (zdaje się, że doktorskiej) zatytułowanej: „Od Ariów do Sarmatów. Nieznane 2500 lat historii Polaków" dowodzi, że cała ta nasza przedpotopowa mitologia to w istocie... historia Iranu! Wawel przecież nieprzypadkowo brzmi prawie jak Babel, czyli Babilon. Krakus to Cyrus, smok wawelski to smok babiloński, którego musiał pokonać ówże król Cyrus, żeby odbić Babilon z rąk króla Nabonida (co stało się w 539 roku przed naszą erą, a realną historię podboju pomieszano z mitem o Marduku i Tiamat). Polskie herby szlacheckie – wystarczy dokładna analiza – to *de facto* irańskie symbole i znaki!

Zupełnie nie wiem, dlaczego znaczniejsza część historyków, mając do dyspozycji kawałki o tak niewątpliwym seksapilu, trzyma się jednak dużo bardziej powściągliwych tez. Mdło i mozolnie wyjaśniają, że starożytni pisarze (Herodot) wspominają o istnieniu irańskiego ludu koczowniczego zwanego Sarmatami, który żył na terenach dzisiejszego Kazachstanu i południowej Syberii, Mołdawii, Ukrainy. Ludzie ci specjalizowali się w konnym łucznictwie, wynaleźli zbroję łuskową, supersprawnie posługiwali się kopią, uwielbiali też amulety. Ciekawostka: być może mieli panią premier, bo chyba obowiązywał u nich matriarchat (w kurhanach grobowych znajdowano szczątki bardzo dobrze uzbrojonych pań). Prawdopodobnie w toku migracji natknęli się na wojska rzymskie, które na dobre położyły kres ich integralności, i Sarmaci rozpłynęli się we mgłach historii, jak wiele innych plemion przed nimi i po nich.

Sarmatów z historią Polski zaczęto łączyć już w późnym średniowieczu – jak przekonuje historyk Roman Marcinek – z powodów wyłożonych na wstępie: wszyscy już sobie ustalili, że od kogoś pochodzą (np. Niemcy od bitnych i groźnych Germanów, Francuzi od Gallów i Franków, Węgrzy od Hunów, Włosi rzecz jasna od Rzymian), dlaczego więc i my mielibyśmy być gorsi? Sarmaci byli akurat wolni, resztę dobijano i doszyto. Dobudowując później do tego jeszcze jedno pięterko, mające wskazywać na odwieczne w Polsce napięcie między warstwami wyższymi (rycerstwem, szlachtą) a chłopstwem. Otóż w myśl tej teorii chłopi to Słowianie podbici przez Sarmatów.

W dziedzinie kolorowania czarno-białych kart przeszłości nie byliśmy, rzecz jasna, sami. Np. Litwini wymyślili sobie, że pochodzą od wodza rzymskiego Palemona, który w I wieku naszej ery miał z 500 żołnierzami zostać zesłany na te właśnie ziemie i dać początek nowemu narodowi (Roman Marcinek pisze, że od Palemona zaczynało się nawet drzewo genealogiczne wywodzących się z Litwy Radziwiłłów; nasz obecny minister zdrowia nie tylko profil i łysinę ma więc rzymską, również pochodzenie). Podróż przez stare księgi uczy też, że zaprawdę nie ma takiej bajki, jakiej nie byliby w stanie wymyślić kochający Polskę miłością tyleż gorącą, co ślepą, autorzy. Największy znaleziony przeze mnie hardkor popełnił o. Wojciech Dębołęcki (*vel* Dembołęcki), franciszkanin z Konojad, a przy tym kompozytor, żołnierz, teolog oraz wysokiej klasy awanturnik. W 1633 roku wydał on był urocze dziełko pt. „Wywód jedynowłasnego państwa świata", przekonując w nim, że Polacy przejęli władzę nad światem bezpośrednio od bohaterów Starego Testamentu, język słowiański to pochodna języka, którym porozumiewali się pierwsi rodzice w raju, a łacina, greka i inne wynalazki to wariacje na jego temat. (Matuzalem tak naprawdę nazywał się według niego – uwaga – Matłuścioch, a Palestyna to Polasczyna).

Nad rozbuchaną wyobraźnią i zupełnym brakiem poczucia intelektualnego obciachu u tego typu ekspertów od starożytności cudownie znęcał się w tomie „Pegaz dęba" Julian Tuwim, cytując zastępy artystów przekonujących, że imię Adam wzięło się stąd, że mówił on „jadam", a Tatarzyn jest tak nazywany, że „tatę to iest oyca zarzyna". Owej językowo-plemiennej megalomanii, każącej (nie tylko polskim autorom) stawiać swój język za korzeń i źródło wszystkich mów świata, uległ później nawet sam Adam Mickiewicz, który podczas wygłaszanych w 1840 roku w Paryżu wykładów o literaturze słowiańskiej plótł androny, wyjaśniając słuchaczom, że starożytne okołorzymskie ludy Osków, Wolsków, Sabinów i Ombrów były słowiańskie, przecież ich nazwy to wypisz wymaluj rdzenie polskich nazwisk (Ostrowskich czy Wolskich). Profesor Aleksander Krawczuk w rozgadanej na wszystkie strony (ale w uroczy sposób) książce „Polska za Nerona" pisze, że „rozwijając ten tok rozumowania Wieszcza, młodzi krakowscy filologowie z żartobliwą powagą obwieszczali przed laty, jak to Wieszcz w swym geniuszu odkrył tajemnicę ludu Etrusków. Etrusci? Sprawa prosta: Eto Ruscy!".

Tuwim w swoim tekście wymienia olbrzymią ilość pozycji typu „Krakof i Olof, dwaj bajeczni władcy na Wawelu" czy „Lechici wywiedli się z Hetytów". Cytuje autora pomieszczonej w polonijnym piśmie rozprawki dowodzącej, że „z nazwy tej chaty polskiej wywodzi się *chateau*, czyli francuski zamek, a także angielski *castle*". Tuwim odparował mu tak zgrabnie, że grzechem byłoby tego nie przytoczyć: „Operując tego typu filologiczną metodą, nic łatwiejszego, jak dowieść, że Polacy byli w Ameryce jeszcze przed Indianami, bo np. nazwy stanów i miast amerykańskich są najrodzimiej polskie. Dowód? Służę: Massachusetts – Mięsoczyst, Connectitut – Koniekuty, Illinois – Jelinos, Michigan – Mieczygon, Delaware – Dołowary, Idaho – Ojduchy, Iowa – Jajowo, Kentucky – Kęciuki, Hollywood – Gołowody, Milwaukee – Miłewołki itp. Ale czemu ograniczać się tylko do Stanów Zjednoczonych? Przy dobrych chęciach można cały świat boży zaludnić przedpotopowymi Polakami: Sięgaperz, Tokijów, Brazielina, Kościeryka, Trzypoliż... Same lechickie osiedla" (Tuwima, rzecz jasna, za tę potwarz rzuconą suwerenowi prosto w twarz spotkało to, co zawsze spotyka wrogów naszego narodowego ego: wyzwano go zaraz od Żydów i komunistów).

Ile w tych wszystkich cudach-dziwach jest prawdy? Nic albo nie za wiele.

Wzruszające są wszystkie te próby „upatriotycznienia" i „odniemczenia" polskiej historii, realizowane z zapałem godnym czasów Władysława Gomułki (gdy ze wszystkich sił próbowaliśmy zbić brednie nazistowskich speców od pochodzenia narodów i udowodnić odwieczną polskość ziem odzyskanych). Nie ma chyba akurat tu sensu toczyć (przeciekawych skądinąd) debat nad tym, czy polscy książęta faktycznie zostali ochrzczeni z „kierunku niemieckiego" w obrządku rzymskim (za Mieszka I), czy chrzest jakiejś części naszych przodków miał miejsce wcześniej za pośrednictwem misjonarzy, od świętych Cyryla i Metodego (w obrządku wschodnim). Jeśli jednak piewcy tezy o wielkiej Lechii mieliby rację, to pytanie, jakie wypada zadać sobie w tej książce, brzmi: jak to się stało, że nasi – tak znakomicie poukładani i poinformowani o wszechświatowej sytuacji władcy – tak późno przyjęli naukę Chrystusa? Dlaczego przez kilkaset lat woleli swoje święte gaje, skoro przynajmniej ich arystokracja musiała władać łaciną i greką (żyjąc w sąsiedztwie i zwarciu z Imperium Romanum), nie musiała czekać na tłumaczenia Pisma na język Słowian, dokonany w IX wieku przez wielkich Cyryla i Metodego? I wreszcie: skoro Awiłło Leszek IV był wielkim sprzymierzeńcem Tyberiusza, a to jego administracja wykonała wyrok śmierci na Jezusie – może warto skonfrontować się choć przez chwilę z tezą, która nieuchronnie pojawia się w tej chwili na stole: a więc może Mesjasza nie zabili jacyś obcy?

Może (współ)zamordowali Go nasi?

Bibliografia

ROZDZIAŁ I
ÓWCZEŚNI MIESZKAŃCY DZISIEJSZEJ ŚRODKOWEJ ANGLII

Francis Pryor, *Home. A Time Traveller's Tales from Britain's Prehistory*, London 2015

Adriana Rosset, *Starożytne drogi i mosty*, Warszawa 1970

ROZDZIAŁ II
SŁUŻĄCY NA WESELU W KANIE GALILEJSKIEJ

Roman Brandstaetter, *Jezus z Nazarethu*, t. 2, Kraków 2012

Raymond E. Brown, *The Gospel According to John I–XII. A New Translation with Introduction and Commentary*, New Haven and London 2008

Don Colbert, *What Would Jesus Eat?*, Nashville 2002

Neil MacGregor, *A History of The World in 100 Objects*, London 2010

John P. Meier, *A Marginal Jew. Rethinking The Historical Jesus*, t. 2, New Haven and London, 1994

ks. Stanisław Mędala CM, *Nowy komentarz biblijny: Ewangelia według świętego Jana, rozdziały 1–12*, Częstochowa 2010

Douglas E. Neel, Joel A. Pugh, *Jedzenie i uczty Jezusa. Kulinarny świat Palestyny pierwszego wieku*, Kraków 2014

Geza Vermes, *Kto był kim w czasach Jezusa*, Warszawa 2006

ROZDZIAŁ III
CESARZ GUANGWU

Karen Armstrong, *The Great Transformation. The World in the Time of Buddha, Socrates, Confucius and Jeremiah*, London 2006

Susan Wise Bauer, *The History of the Ancient World*, New York – London, 2007

Hans Bielenstein, Wang Mang, *The Restoration of the Han Dynasty and Later Han* w: *The Cambridge History of China, vol. 1*, Cambridge 2006
Michael Loewe, *Everyday Life in Imperial China*, Indianapolis 1968, 2005
Walter Scheidel (red.), *Rome and China. Comparative Perspectives on Ancient World Empires*, Oxford 2009

ROZDZIAŁ IV
APOLONIUSZ Z TIANY

Flawiusz Filostratos, *Żywot Apolloniosa z Tyany*, Toruń 2012
Piotr Orlik, *Formy obecności pitagorejskich praktyk milczenia w muzyce*, w: *Wokół ciszy. W stulecie urodzin Johna Cage'a*, red. Magdalena Grajter, Łódź 2013

ROZDZIAŁ V
POCHWYCONA NA CUDZOŁÓSTWIE

Elżbieta Adamiak, *Kobiety w Biblii. Nowy Testament*, Warszawa 2010
Chris Keith, *Jesus' Literacy. Scribal Culture and the Teacher from Galilee*, London 2013
Larry J. Kreitzer, Deborah W. Rooke (red.), *Ciphers in The Sand. Interpretations of The Woman Taken in Adultery (John 7.53–8.11)*, Sheffield 2000
ks. Stanisław Mędala CM, *Nowy komentarz biblijny: Ewaneglia według świętego Jana rozdziały 1–12*, Częstochowa 2010
Peter Phillips, *The Adulterous Woman: Nameless, Partnerless, Defensless*, w: *Character Studies in The Fourth Gospel. Narrative Approaches to Seventy Figures in John*, Grand Rapids 2013

ROZDZIAŁ VI

PIERWSI OSADNICY NA WYSPACH MARSHALLA

Benedict Allen (red.), *The Faber Book of Exploration*, London 2002
Steven Roger Fischer, *A History of the Pacific Islands*, New York 2013
Damon Salesa, *The Pacific in Indigneous Time*, w: *Pacific Histories. Ocean, Land, People*, New York 2014

ROZDZIAŁ VII

MOI PRAPRAPRADZIADKOWIE

Barry Cunliffe, *Europe Between The Oceans. 9000 BC – AD 1000*, New Haven & London 2008
Mircea Eliade, *Historia wierzeń i idei religijnych*, t. 3, Warszawa 1997
Aleksander Gieysztor, *Mitologia Słowian*, Warszawa 2006
Andrzej Kokowski, *Starożytna Polska*, Warszawa 2006
Aleksander Krawczuk, *Polska za Nerona*, Warszawa 2002
Agnieszka Malinowska-Sypek, Robert Sypek, Daniel Sukniewicz, *Przewodnik archeologiczny po Polsce*, Warszawa 2010
Słownik starożytności słowiańskich, t. 1–8, Wrocław – Warszawa – Kraków 1961-1996
Andrzej Szyjewski, *Religia Słowian*, Kraków 2003
Julian Tuwim, *Pegaz dęba*, Warszawa 2008
http://www.wilanow-palac.pl/sarmaci_pytanie_o_rodowod.html

ROZDZIAŁ VIII

KLAUDIUSZ NERON JULIUSZ CEZAR

Gajusz Swetoniusz Trankwillus, *Żywoty Cezarów*, Wrocław 1987
Tacyt, *Dzieła*, Warszawa 2004

ROZDZIAŁ IX
OJCIEC CHŁOPCA CHOREGO NA PADACZKĘ

George Foreman, *Bóg w moim narożniku*, Gorzów Wlkp. 2015
Joel Marcus, *Mark 8–16. A New Translation with Introduction and Commentary*, New Haven and London 2009
John P. Meier, *A Marginal Jew. Rethinking The Historical Jesus*, vol. 2, New Haven and London, 1994
Bogusław Pawlaczyk (red.), *Biblia a medycyna*, Poznań 2007
Amanda Witmer, *Jesus, The Galilean Exorcist. His Exorcisms in Social and Political Context*, London 2012

ROZDZIAŁ X
URBANIŚCI MIASTA TEOTIHUACAN

Janet Catherine Berlo (red.), *Art, Ideology, and the City of Teotihuacan*, Washington 1992
Geoffrey E. Braswell, *The Maya and Teotihuacan. Reinterpreting Early Classic Interaction*, Austin 2003

ROZDZIAŁ XI
JOANNA I LIDIA

Elżbieta Adamiak, *Kobiety w Biblii. Nowy Testament*, Warszawa 2010
Richard S. Ascough, *Lydia. Paul's Cosmopolitan Hostess*, Collegeville 2009
Richard Bauckham, *Gospel Women. Studies of the Named Women in the Gospels*, London and New York 2002
Joseph A. Fiztmayer, *The Acts of the Apostles. A New Translation with Introduction and Commentary*, New Haven and London 2010
Adriana Rosset, *Starożytne drogi i mosty*, Warszawa 1970
Eduard Verhoef, *Philippi. How Christianity Began in Europe*, London 2013

ROZDZIAŁ XII
KUSZANIE

Paul Collins, *Mountains and Lowlands. Ancient Iran and Mesopotamia*, Oxford 2016

ROZDZIAŁ XIII
NIEWOLNIK PRIMUS

David Abulafia, *The Great Sea. A Human History of the Mediterranean*, London 2011
Jerzy Kolendo, *Kolonat w Afryce Rzymskiej w I–II wieku*, Warszawa 1962
Tadeusz Kotula, *Afryka Północna w starożytności*, Wrocław 1972
Stanisław Łoś, *Rzym na rozdrożu. Studium monograficzne o Katonie Starszym*, Warszawa 1960
Justin J. Meggit, *Paul, Poverty and Survival*, Edinburgh 1998

ROZDZIAŁ XIV
JOTAPE, BRATANICA HERODIADY

Henri Daniel-Rops, *Dzieje Chrystusa*, Warszawa 2010
Sergius Bulgakov, *The Friend of the Bridegroom*, Cambridge 2003

ROZDZIAŁ XV
JAPONIA, LATA 30.

The Cambridge History of Japan, vol. 1: *Ancient Japan*, Cambridge 1993

ROZDZIAŁ XVI
PRAZAMBIJCZYCY

The Cambridge History of Africa, vol. 2 c. 500 BC – AD 1050, Cambridge 1978

Robert O. Collins, James M. Burns, *A History of Sub-Saharan Africa*, Cambridge 2014
Antoni Kuczyński (wyb.), *Wśród buszu i czarowników. Antologia polskich relacji o ludach Afryki*, Wrocław 1990
Marek J. Malinowski, *Dzieje Afryki Południowej od ery prehistorycznej do końca XVI w.*, w: *Europejczycy, Afrykanie i inni*, Warszawa 2011
Robert Piętek, *Garcia II władca Konga a Kościół katolicki*, Warszawa 2009
David van Reybrouck, *Kongo. Opowieść o zrujnowanym kraju*, Warszawa 2016
Eugeniusz Rzewuski, *Azania zamani*, Warszawa 1978

ROZDZIAŁ XVII
BARABASZ

Richard A. Horsley, *Galilee. History, Politics, People*, Valley Forge 1995
Richard A. Horsley, John S. Hanson, *Bandidts, Prophets and Messiahs. Popular Movements in the Time of Jesus*, Harrisburg 1999
David L. Mathewson, *Barabbas: A Foil for Jesus, the Jewish Leadership and Pilate*, w: *Character Studies in the Fourth Gospel. Narrative Approaches to Seventy Figures in John*, Grand Rapids 2013
Joel Marcus, *Mark 1–8. A New Translation with Introduction and Commentary*, New Haven and London 2000
Joel Marcus, *Mark 8–16. A New Translation with Introduction and Commentary*, New Haven and London 2009
Mark E. Moore, *Kenotic Politics. The Reconfiguration of Power in Jesus' Political Praxis*, London 2013
Ekkehard W. Stegemann, Wolfgang Stegemann, *The Jesus Movement. A Social History of Its First Century*, Minneapolis 1999
Amanda Witmer, *Jesus, The Galilean Exorcist. His Exorcisms in Social and Political Context*, London 2012
Geza Vermes, *Kto był kim w czasach Jezusa*, Warszawa 2006

DODATEK SPECJALNY:
KRÓL LECHII AWIŁŁO LESZEK IV

August Bielowski, *Najdawniejsze dzieje Polski od czasów mitycznych, czyli Wstęp krytyczny do dziejów Polski*, reprint, Sandomierz 2015

Janusz Bieszk, *Słowiańscy królowie Lechii. Polska starożytna*, Warszawa 2015

Piotr Makuch, *Od Ariów do Sarmatów. Nieznane 2500 lat historii Polaków*, Kraków 2013

Prokosz, *Kronika polska*, reprint, Sandomierz 2015

Karol Szajnocha, *Lechicki początek Polski*, reprint, Sandomierz 2016

Julian Tuwim, *Pegaz dęba*, Warszawa 2008

Spis treści

Wstęp (7)

Rozdział I
Ówcześni mieszkańcy dzisiejszej środkowej Anglii. Architekci wnętrz, masterchefowie, drogowcy. (14)

Rozdział II
Służący na weselu w Kanie Galilejskiej.
Co robić, gdy Bóg nie chce nic zrobić. (20)

Rozdział III
Cesarz Guangwu. Za dobry dla eunuchów. (42)

Rozdział IV
Apoloniusz z Tiany. Miś na miarę naszych możliwości. (64)

Rozdział V
Pochwycona na cudzołóstwie.
Gdy masz na imię: Lęk. (76)

Rozdział VI
Pierwsi osadnicy na Wyspach Marshalla.
Pacyfik to stan umysłu. (90)

Rozdział VII
Moi (82 x pra)dziadkowie.
Pracownik zbrojeniówki. Hodowca lnu.

Przodek Angeli Merkel. Człowiek trunkowy. (104)

Rozdział VIII
Klaudiusz Neron Juliusz Cezar.
Syn celebryty, kuzyn fiksata, zięć lafiryndy.
Może już święty. (120)

Rozdział IX
Ojciec chłopca chorego na padaczkę.
Niewierzący wierzący, wierzący niewierzący. (136)

Rozdział X
Urbaniści z Teotihuacan.
O częściach wspólnych geologii, teologii i laryngologii. (154)

Rozdział XI
Joanna i Lidia. Mistrzynie inwestycji. (160)

Rozdział XII
Kuszanie. Wąsaci, acz bez przyszłości. (184)

Rozdział XIII
Niewolnik Primus. Pradziadek Sophii Loren, prawnuk pradziadka Katona. (192)

Rozdział XIV
Jotape, bratanica Herodiady.
Głuchoniema ofiara ślepoty. (208)

Rozdział XV
Japonia, lata 30. Mamuśki, ich brzoskwinie
i dzwonki. (222)

Rozdział XVI
Prazambijczycy. Murzynek Bambo
już tu nie mieszka. (228)

Rozdział XVII
Barabasz. Zwycięzca wyborów
powszechnych. (250)

Dodatek specjalny: „Nasi górą"
Król Lechii Awiłło Leszek IV. Siostrzeniec Cezara.
Wielki Polak. Kumpel zabójcy Chrystusa. (270)

Bibliografia (285)

Spis treści (293)